MANUAL DO FRILA

o jornalista fora da redação

CB002474

Proibida a reprodução total ou parcial em qualquer mídia
sem a autorização escrita da editora.
Os infratores estão sujeitos às penas da lei.

A Editora não é responsável pelo conteúdo da Obra, com o qual não
necessariamente concorda. O Autor conhece os fatos narrados,
pelos quais é responsável, assim como se responsabiliza pelos juízos emitidos.

Consulte nosso catálogo completo e últimos lançamentos em **www.editoracontexto.com.br**

MANUAL DO FRILA
o jornalista fora da redação

Maurício Oliveira

editora**contexto**

Copyright © 2010 Maurício Oliveira

Todos os direitos desta edição reservados à
Editora Contexto (Editora Pinsky Ltda.)

Coordenação dos livros de comunicação
Luciana Pinsky

Projeto gráfico e diagramação
Gustavo S. Vilas Boas

Ilustrações de capa e miolo
W. Rocha

Preparação de textos
Lilian Aquino

Revisão
Daniela Marini Iwamoto

Dados Internacionais de Catalogação na Publicação (CIP)
(Câmara Brasileira do Livro, SP, Brasil)

Oliveira, Mauricio
   Manual do frila : o jornalista fora da redação /
Mauricio Oliveira. – São Paulo : Contexto, 2010.

   ISBN 978-85-7244-488-0

   1. Empreendedorismo 2. Comunicação
3. Jornalismo como profissão 4. Jornalistas –
Orientações I. Título.

10-07906   CDD-079.023

Índice para catálogo sistemático:
1. Jornalismo freelance   079.023

2010

EDITORA CONTEXTO
Diretor editorial: *Jaime Pinsky*

Rua Dr. José Elias, 520 – Alto da Lapa
05083-030 – São Paulo – SP
PABX: (11) 3832 5838
contexto@editoracontexto.com.br
www.editoracontexto.com.br

SUMÁRIO

Apresentação 7

Rede de contatos é tudo 15
   O meu caminho até a autonomia 24
   A incerteza dos primeiros tempos 30

O que diferencia um frila 35
   Liberdade e comprometimento 40
   "Não posso": use com moderação 44
   Cordialidade acima de tudo 50

Especialista ou generalista?..................61

Os desafios do jornalista-camaleão.................66

Pau para *quase toda* obra.................72

O mundo não te entende..................81

"Lá vai o vagabundo".................88

A agridoce vida de frila.................92

Um universo de possibilidades..................101

Quanto vale o meu trabalho?.................108

Como lidar com a burocracia.................114

Conclusão..................119

Sugestões de leitura..................121

Agradecimentos..................123

O autor..................125

APRESENTAÇÃO

Ser jornalista freelancer é estar sempre na corda bamba, em busca do equilíbrio entre trabalho e vida pessoal, entre créditos e débitos, entre a realização e a necessidade. Podem-se citar várias vantagens da atuação como frila, assim como não é difícil enumerar uma série de desvantagens. Há quem experimente e deteste, e há quem experimente e adore. Depende do momento de vida, das expectativas relacionadas à profissão e, sobretudo, de como a carreira se desenvolveu até a independência.

Não se sabe quantos jornalistas há atuando em tempo integral como freelancers no Brasil, mas certamente são centenas. Em muitas cidades há casos como o meu – autônomos que conseguiram superar as barreiras geográficas e não se limitam a atuar no estado em que residem –, além de tantos outros com atuação regional.

Muitos dos jornalistas que se tornam freelancers o fazem por opção, outros justamente pelo motivo inverso, a falta de opções. Cada um tem suas razões. Há os que começam depois de uma demissão ou pela dificuldade para conseguir emprego, os que têm motivações temporárias – ficar perto dos filhos pequenos ou a necessidade de horários flexíveis para fazer um mestrado – e os que viram frilas simplesmente por imaginar que serão mais felizes sem um emprego fixo.

Quando decidi me tornar freelancer, em 2003, fui acometido de todos os receios típicos de quem havia se acostumado a empregos de carteira assinada. Tinha 31 anos de idade e trabalhava desde os 14, sempre como funcionário. A minha geração cresceu ouvindo que emprego bom era no Banco do Brasil – tão estável que você entrava no primeiro dia já planejando a aposentadoria. Para as mães daquela época, a alegria de ver o nome do filho na lista dos aprovados no concurso do banco era quase a mesma de ganhar uma fortuna na loteria, tamanha a sensação de segurança que isso representava.

APRESENTAÇÃO

Eu não sabia se a minha aventura como freelancer daria certo, mas percebia vários indícios de que jornalistas "avulsos" seriam cada vez mais requisitados. As empresas de comunicação se viam obrigadas a diversificar seus produtos para ocupar espaço no mercado. Dentro da minha área de atuação, a mídia impressa, essa expansão podia ser percebida em qualquer banca de jornais e revistas. Novos títulos, edições especiais, anuários e publicações temáticas eram lançados a todo momento. Em um movimento oposto, entretanto, as equipes fixas se tornavam cada vez mais enxutas diante da ordem geral de cortar custos. Seria inevitável convocar ajuda externa para dar conta de tudo.

Fenômeno semelhante ocorria nas emissoras de TV, nas produtoras de vídeo, nas assessorias de imprensa, nos sites, enfim, em todas as empresas ligadas ao setor da comunicação. Sempre se ouvia falar de alguém que estava precisando de gente para fazer algum trabalho como freelancer – e não era fácil encontrar bons profissionais disponíveis, pois a maioria estava empregada.

Graças ao desenvolvimento dos recursos de comunicação, já era possível trabalhar em um escritório doméstico e ao mesmo tempo sentir-se verdadeiramente conectado ao mundo. Internet e telefone estavam deixando de ser recursos excessivamente caros. Não era difícil montar e manter uma infraestrutura tão boa ou até melhor do que a encontrada nas redações. Desfrutar de plenas condições para executar tarefas a distância seria um aspecto essencial para mim, já que a transição da vida de funcionário para a de freelancer coincidiria também com a mudança de São Paulo para Florianópolis.

Eu sonhava em viver na bela capital catarinense e continuar trabalhando basicamente para São Paulo, onde passara os quatro anos anteriores como repórter da *Gazeta Mercantil*, da *Veja* e coordenador editorial da Contexto, a editora que agora publica este livro. Imaginei que poderia ser também uma opção para veículos nacionais quando precisassem cobrir uma pauta em Santa Catarina. Se eu conseguisse realizar o plano, seria como ter o melhor de dois mundos.

Pouco importa se você está em São Paulo, em Florianópolis ou em qualquer outro lugar quando a tarefa dispensa apuração *in loco*, e parte considerável dos trabalhos ligados à área de comunicação tem essa característica. Nos casos em que a presença no local é necessária, enviar alguém de outro estado já não representa acréscimo tão significativo aos custos, graças ao barateamento das passagens aéreas – muita gente considera que ter alguém de confiança à frente da missão compensa as diferenças no orçamento.

Se meu projeto como frila não desse certo, restariam dois caminhos: voltar a São Paulo, onde deixara várias portas abertas, ou procurar emprego em Florianópolis, onde eu conhecia muita gente por ter cursado Jornalismo na Universidade Federal de Santa Catarina (UFSC) e por ter trabalhado nos jornais e revistas locais durante os primeiros anos da carreira.

Mas tudo transcorreu da melhor forma possível e hoje não troco minha vida de frila por nenhum emprego fixo.

APRESENTAÇÃO

Obviamente posso vir a mudar de ideia, mas neste momento não consigo imaginar um trabalho que compense todas as vantagens que vejo em ser independente. Uma das principais, para alguém que não tem a menor vocação para comandar subordinados e lidar com questões administrativas, é que um frila tem a possibilidade de obter uma remuneração gradualmente melhor sem se ver obrigado a assumir cargos de chefia.

Nas redações de jornais e revistas, quase sempre é preciso virar editor para ganhar melhor. E editores inevitavelmente se afastam um pouco do trabalho jornalístico, pois precisam administrar a equipe e lidar com certas burocracias. Eu adoro o fato de que, como frila, consigo continuar me dedicando em tempo integral ao que sempre gostei de fazer – apurar e escrever.

Com este livro, pretendo ajudar outras pessoas a encontrar o caminho da realização como jornalista freelancer. E também a evitar possíveis decepções, já que os aspectos que podem atrapalhar um frila também estarão sendo abordados aqui.

Para que o relato não ficasse limitado ao meu ponto de vista, ouvi colegas que enriqueceram tremendamente o conteúdo. São profissionais destacados em diversas áreas do jornalismo, que têm em comum a experiência de atuar como freelancer ou de contratar frilas. Graças a essas preciosas colaborações, citadas ao longo do texto, a maior parte do que será dito aqui cabe, de forma genérica, a qualquer área do jornalismo.

Este livro se propõe a ser um aliado de quem já é free-lancer ou daquele que vislumbra a possibilidade de um dia tornar-se autônomo. Como eu tenho certeza absoluta de que essa alternativa já passou pela cabeça de todos os colegas, considero que o público-alvo é, na realidade, toda a comunidade de jornalistas.

Acho importante deixar claro, desde o início, o que compreendo como trabalho freelancer. Refiro-me a profissionais que têm liberdade para se relacionar simultaneamente com mais de um contratante e não precisam cumprir expediente em nenhum deles. O chamado "frila fixo", aquela situação em que o profissional trabalha exclusivamente para uma empresa sem que haja um prazo estabelecido para que a relação chegue ao fim, não passa, a meu ver, de uma estratégia para burlar as leis trabalhistas.

Ao publicar este livro, sinto que tenho a obrigação de contribuir para mudar a imagem do trabalho freelancer, que no Brasil costuma estar associado a uma condição indesejável. Muitas pessoas imaginam que só atua como autônomo quem não consegue um bom emprego. Eu mesmo carregava um pouco desse preconceito antes de me tornar frila.

Ao longo dos últimos sete anos, no entanto, recusei boas propostas de emprego. Além das portas abertas em algumas revistas da Editora Abril, poderia ter voltado a São Paulo para trabalhar na *Época Negócios*, uma publicação que admiro, ou assumir um cargo de chefia no *Diário Catarinense*, o principal

APRESENTAÇÃO

jornal de Santa Catarina. Quando eu pesava os prós e os contras, contudo, a balança sempre pendia a favor da minha vida de frila. Conheço vários colegas que estão nessa mesma situação – o que não os impede de mudar de opinião a qualquer momento, claro.

Considero, também, que é importante desmistificar a imagem romântica que se faz do jornalista freelancer como um sujeito que sai pelo mundo pautado por si próprio e tem o resultado do seu trabalho disputado por vários clientes em potencial. Não digo que esse estágio seja impossível de alcançar, mas apenas por profissionais que conquistaram um alto nível de reconhecimento – ou por aqueles que receberam uma bela herança e não têm que se preocupar com contas. O normal é trabalhar predominantemente sob demanda, cumprindo missões definidas pelo contratante. Nesse meio-tempo, consegue-se emplacar uma ou outra ideia própria.

Quem é frila em tempo integral e precisa correr atrás de dinheiro para pagar as contas não pode se dar ao luxo de fazer apenas o que quer. A maior parte do trabalho vem das encomendas. Ou seja: alguém o consulta para saber se você gostaria de assumir determinada tarefa, com prazo determinado para ser concluída e pela qual pagará certa quantia. Ciente das condições, você aceita ou recusa.

Em decorrência, sobretudo, do meu blog Vida de Frila, sou eventualmente convidado a dar palestras ou participar de mesas-redondas em cursos de Jornalismo. Numa dessas ocasiões, um dos estudantes parece ter se ofendido quando eu disse que fazia trabalhos por encomenda: – Quer dizer que se a revista mandar você fazer uma matéria falando bem de Jesus, você faz, e se mandar falar mal, você faz também? Expliquei ao rapaz que "trabalhar por encomenda" não significa abrir mão dos princípios básicos do jornalismo – imparcialidade, ouvir os dois lados, fugir de pré-concepções e preconceitos etc. Mas a forma como ele interpretou o que eu havia dito reforçou a minha sensação de que os cursos de Jornalismo nem sempre preparam os estudantes para o mercado "de verdade", pelo simples fato de que muitos professores não sabem como as coisas funcionam. Alguns saíram direto da graduação para o mestrado e depois para o doutorado, e nem chegaram a enfrentar uma redação. Outros até passaram por redações, mas estão há tanto tempo na academia que perderam o contato com a realidade.

De minha parte, posso dizer que atuar como freelancer me proporcionou uma combinação entre satisfação profissional e qualidade de vida que até então eu não havia experimentado trabalhando para um único patrão. Não quero afirmar, com isso, que todo emprego de carteira assinada é insatisfatório ou que todo mundo conseguiria se adaptar à vida de frila. Tudo o que não pretendo aqui é ditar regras. Quando se trata da nossa própria carreira – e da nossa própria vida –, ninguém melhor do que nós mesmos para saber o que é bom e o que é ruim.

REDE DE CONTATOS É TUDO

O interesse pelo trabalho como freelancer já não se limita aos jornalistas que estão no mercado: manifesta-se fortemente entre os estudantes. Muitos cursos de Comunicação implantaram a disciplina "Empreendedorismo" para fomentar nos jovens a visão de que é possível ser dono do próprio nariz. A má remuneração que se costuma oferecer a recém-formados nos empregos convencionais contribui para que os futuros jornalistas considerem a hipótese de iniciar a carreira como autônomos.

Essa é uma das diferenças da geração que está saindo dos cursos de Jornalismo em relação à minha – 15 anos nos separam. Não lembro de muitos colegas que pensassem em abrir imediatamente um negócio próprio. Quase todos tinham a sensação de que o caminho natural seria trabalhar alguns anos como empregado (assim conheceriam as entranhas da profissão) para só depois planejar voos solos, se fosse o caso. Já os jovens de hoje – da tal geração Y – parecem ansiosos para antecipar o momento da independência.

Numa das palestras que fiz em universidades, fiquei um tanto espantado ao constatar o teor das perguntas dos estudantes. Eles demonstraram ser, digamos assim, práticos demais. Queriam saber como eu estabelecia contato com os veículos nacionais, que referências usava para definir os preços, quanto ganhava por mês e que tipo de empresa eu tinha. Poucas questões sobre aspectos mais sutis e "filosóficos" relacionados ao exercício da profissão como freelancer.

Admiro esse tipo de audácia – gente que acredita que algo é possível e corre atrás do objetivo –, mas sempre que posso aconselho os jovens jornalistas a atuar alguns anos como empregados antes de tentarem a sorte como freelancers. A razão para isso é muito objetiva: a maioria dos trabalhos de um frila vem de veículos e pessoas com os quais já tivemos contato profissional anterior. Mesmo quando aparece uma nova fonte, normalmente é por indicação de alguém que nos conhece.

REDE DE CONTATOS É TUDO

O peso decisivo da rede de contatos foi ressaltado por todos os colegas ouvidos para este livro. Quando pedi para transformarem o que estavam dizendo em percentual, o número mais citado foi 90% de trabalhos oriundos de pessoas com as quais havia contato anterior e não mais que 10% como resultado de novas prospecções. Perfeitamente normal, pois todo mundo prefere contar com os serviços de um profissional já testado e aprovado – isso vale para encanadores, massagistas, psicólogos e também para jornalistas.

Por isso é tão difícil para um recém-formado atuar como freelancer. Ele não teve tempo para estabelecer uma rede de contatos, conhece pouca gente no mercado e não ostenta um currículo que possa funcionar como argumento. Por que contratar alguém nessas condições em lugar de um profissional mais experiente? Simples: para pagar um preço ridiculamente baixo pelo trabalho. Se é para ser explorado, melhor que seja atuando em um jornal, revista, rádio, assessoria ou qualquer outro lugar que proporcione experiência real de mercado e contribua para que o jovem profissional comece a montar a sua rede de contatos.

Mesmo nos casos de quem dispõe de um bom currículo e um bom portfólio, esses não são argumentos decisivos. O contratante está interessado em contar com pessoas não apenas competentes, mas também confiáveis – e isso depende de características pessoais que não aparecem em currículos e portfólios. Só podem ser constatadas pelo convívio ou endossadas pela opinião de conhecidos em comum.

Em 1998, antes de me mudar de Florianópolis para São Paulo, eu estava editando uma revista que acabara de ser lançada, a *Jovem Empreendedor*. Apareceu na redação, à procura de frilas, uma jornalista na faixa dos 30 anos que havia chegado alguns meses antes de São Paulo. Dizia já ter trabalhado em veículos importantes – e de fato carregava um portfólio com suas matérias.

Como eu já tinha montado meu modesto time de dois ou três colaboradores, não havia trabalho que eu pudesse passar para ela naquele momento. Mesmo que precisasse de mais um frila, havia muita gente da minha confiança na fila. Diante da recusa, a moça começou a reclamar do provincianismo do mercado local, onde pessoas com "um currículo como o dela" eram preteridas por critérios de amizade e não de competência. "Vou voltar para São Paulo, porque lá o profissionalismo é valorizado", disse, bufando de raiva.

Eu não tinha a menor culpa do erro estratégico cometido pela colega. Ela imaginou que seu currículo lhe asseguraria a sobrevivência em qualquer lugar do país que escolhesse para viver. O que nos possibilita fazer isso, na verdade, são os contatos que carregamos na bagagem.

E ninguém pode negar que a grande fonte de bons frilas para jornalistas, aqui no Brasil, é São Paulo. Trata-se do mercado mais profissional e que proporciona a remuneração mais justa – nesse sentido, a colega estava totalmente correta quando anunciou o retorno à capital paulista.

REDE DE CONTATOS É TUDO

Tão difícil quanto se estabelecer como freelancer em uma cidade onde não se conhece ninguém é tentar ser incluído no circuito dos bons frilas sem ter tido uma experiência *in loco* na maior cidade do país.

Não é impossível, mas exige esforço. Há casos de sucesso como o de Cândida Silva, hoje proprietária da agência Darana Comunicação, em Salvador. Quando atuava como freelancer, ela ia a São Paulo especialmente para visitar redações. Estabelecia contatos promissores e conseguia até voltar com pautas encomendadas.

Quem não tem muitos contatos e ainda assim pretende se estabelecer como frila não tem mesmo alternativa a não ser bater de porta em porta. Pessoalmente, de preferência – telefonar ou mandar um e-mail com currículo não costuma funcionar. "A empatia que pode surgir de um contato pessoal é decisiva", diz Cândida.

Persistência e humildade são as virtudes fundamentais nesse processo. Indo diretamente às redações é possível encontrar quem decida dar oportunidade a um desconhecido, mas não se deve esperar frilas maravilhosos no começo. As tarefas que costumam ser repassadas nessas circunstâncias não são das mais atraentes – é possível até que já tenha sido recusada por outros.

A fotógrafa Fabrizia Granatieri tornou-se freelancer da *IstoÉ* depois de simplesmente ligar para o telefone geral da redação, que encontrou no expediente da revista. Pediu para falar com um dos editores, perguntou se podia apresentar o portifólio e combinou uma visita. Viajou do Rio a São Paulo especialmente para o encontro. Foi então encaminhada para uma conversa com o chefe de redação da sucursal do Rio. Graças ao empenho, Fabrizia conseguiu entrar na lista dos colaboradores da publicação, para a qual realizou tarefas com regularidade durante dois anos.

Quem está pressionado pelas contas e não tem muito tempo para investir em contatos pode se ver obrigado a aceitar qualquer trabalho que apareça, e nesse caso os riscos são maiores. Em 2004, o catarinense Alessandro Bonassoli decidiu se mudar para São Paulo e, como um trabalho fixo não apareceu tão rápido quanto esperado, ele saiu à procura de frilas. Cadastrou-se em um grande site de currículos e foi procurado por um jornal especializado em cobertura jurídica.

Chegando à sede da publicação, que tinha como proposta "revelar os meandros do poder judiciário", Alessandro soube que se tratava de uma espécie de contrato de risco: ele teria que percorrer os fóruns do interior e apurar as pautas que fosse encontrando pelo caminho. Os custos de deslocamento seriam ressarcidos e haveria mais R$ 100 por matéria aproveitada. Não parecia tão ruim: se produzisse duas matérias por dia, de segunda a sexta, ele asseguraria um rendimento mensal de R$ 4 mil.

Seria preciso fazer também fotos, com a máquina do jornal. Alessandro foi mandado para a região de Presidente

REDE DE CONTATOS É TUDO

Prudente. As mais de cinco horas de ônibus foram suficientes para aprender a lidar com a máquina e constatar que nela estavam arquivadas fotos um tanto instigantes da editora que o havia contratado. O alarme de "roubada" disparou de vez durante o longo chá de espera ao qual ele foi submetido pelo primeiro magistrado da lista de contatos.

Alessandro percorreu sete cidades e foi constatando, em cada uma delas, que as pautas não eram assim tantas quanto ele imaginava. Na verdade, dava no máximo para fazer um apanhado geral das atividades de cada fórum. Ainda assim voltou com nove matérias, e todas foram aproveitadas pelo jornal. Mas só conseguiu receber por duas. Insistiu durante seis meses para receber os R$ 700 restantes, mas não conseguiu.

Muitos jovens recém-formados de todo o Brasil se mudam a cada ano para São Paulo para tentar a sorte. Alguns se dão bem, outros não. Isso depende de uma série de fatores. Por experiência própria, acho válido trabalhar alguns anos em um mercado menor e chegar à metrópole já com certa bagagem e experiência de vida. Mas não há regra, claro.

Quando eu me tornei freelancer, estava com 31 anos e podia ao menos falar a quem não me conhecia que havia trabalhado na *Gazeta Mercantil* e na *Veja*, duas publicações reconhecidas como boas formadoras de mão de obra. Hoje ficou ainda mais fácil usar o currículo como argumento, pois nos últimos sete anos escrevi para publicações como *Exame*, *Você S/A*, *Valor Econômico*, *O Estado de S. Paulo*, *VIP*, *Superin-*

teressante e *Horizonte Geográfico*. Mesmo assim, uma lista de publicações para as quais já se colaborou não garante nada por si só.

Depois de algum tempo como freelancer, a tendência é estabelecer alguns relacionamentos sólidos, o que assegura trabalho suficiente e nos leva ao risco da acomodação. Sempre me preocupei em abrir frentes inéditas de trabalho, para testar novas possibilidades e enriquecer o currículo. Não se trata mais de atirar para todos os lados, como no começo da trajetória de frila. Nessa fase mais madura de prospecção, podem-se selecionar os veículos por afinidade e sugerir pautas sobre temas de real interesse.

Publiquei, por exemplo, algumas matérias no site *Nominimo*. Eu era fã como leitor e foi um prazer ver o meu nome entre o excelente time de colaboradores. Depois de algumas tentativas de vender uma pauta, finalmente emplaquei o primeiro texto, sobre os "fantasmas" da ilha de Anhatomirim, nas proximidades de Florianópolis, palco de dezenas de fuzilamentos durante a Revolta da Armada, no final do século XIX – sempre gostei de temas históricos, a ponto de ter feito mestrado em História. Foi um típico caso em que o agradável se uniu ao útil, pois fui surpreendido por uma remuneração acima da expectativa. Diante disso, vivia sugerindo novos temas. Não era fácil emplacar pautas lá e eu ficava um bocado orgulhoso quando os editores aceitavam uma das minhas sugestões.

REDE DE CONTATOS É TUDO

Já para a *Caros Amigos*, outra publicação que eu admirava, escrevi em abril de 2007 um texto pelo qual não cobrei um tostão sequer – sobre o centenário de nascimento do flautista Patápio Silva, de quem escrevi a biografia durante o mestrado em História. Era meu reconhecimento à atenção que o editor-chefe Sérgio de Souza, um dos grandes nomes da história do jornalismo brasileiro, havia me dado sete anos antes, quando cheguei a São Paulo e decidi visitar algumas redações para me apresentar. O Sérgio, que sempre teve dificuldades para manter o projeto, morreu menos de um ano depois, em março de 2008.

Não se pode ganhar todas, no entanto. Nunca consegui me aproximar da *Bravo!* e logo que a revista *Piauí* foi lançada tentei durante algumas edições emplacar uma pauta, mas não consegui – mesmo nos casos em que achei que a sugestão tinha tudo a ver com o perfil da revista.

Houve também situações em que a nova frente chegou a ser aberta, mas o relacionamento não evoluiu além da primeira matéria. Ou foi satisfatório na primeira experiência e decepcionante na segunda. Perfeitamente normal: assim como muitas paqueras terminam no primeiro beijo, nem toda parceria de um freelancer precisa se transformar em casamento.

Uma das situações mais irritantes quando se está tentando vender uma pauta é a demora das pessoas contatadas em responder se querem ou não a matéria. Se um determinado veículo não se interessa, outro pode se interessar – mas só a partir da recusa oficial do primeiro pode-se entrar em contato com o segundo. Quando um editor age assim, tenho certeza de que nunca trabalhou como freelancer.

Sempre fica mais fácil vender um material já pronto, e não apenas uma promessa de matéria. José Eduardo Barella, editor de Internacional do jornal *O Estado de S. Paulo*, diz que é frequentemente procurado por jornalistas que viajam pelos destinos mais incomuns e sugerem pautas. "Gostamos de oferecer ao nosso leitor um olhar brasileiro sobre lugares exóticos, mas deixo claro que não há comprometimento de publicação antes de analisar o material", descreve.

O MEU CAMINHO ATÉ A AUTONOMIA

Quando me tornei freelancer, estava completando dez anos de trabalho como jornalista. Os primeiros cinco anos haviam sido em jornais e revistas de Florianópolis, onde passei por diversas editorias e cheguei a coordenar equipes de reportagem, e os outros cinco em São Paulo.

Tive a sorte de chegar ao concorrido mercado de São Paulo em um momento único de expansão do campo de trabalho para jornalistas. Era final de 1999. A bolha da internet ainda não havia estourado e sites recém-lançados roubavam profissionais das redações a peso de ouro. A chegada do *Valor*

Econômico esvaziou a redação da concorrente, a *Gazeta Mercantil*, de onde partiu boa parte da equipe do novo jornal.

Eu e minha mulher, Cristiane Fontinha, também jornalista, estávamos um tanto entediados com as limitações do mercado de Florianópolis e achamos que havia chegado a hora de enfrentar os desafios da maior metrópole brasileira. Ambos tínhamos nos mudado para a capital catarinense na adolescência – eu nasci no Rio de Janeiro e ela, em Brasília. Próximos dos 30 anos, já acumulávamos experiência suficiente, tanto profissional quanto de vida, para encarar qualquer tipo de dificuldade.

Nosso filho Lauro ainda não havia completado 2 anos quando partimos, sem emprego garantido, mas com a sensação de que, diante do cenário que nos era relatado pelos amigos que já haviam feito a "travessia", não seria difícil encontrar quem estivesse precisando de jornalistas.

Dito e feito. Fui imediatamente contratado pela *Gazeta Mercantil*, onde meu amigo Yan Boechat estava trabalhando (ele fez a ponte para que eu me apresentasse como candidato), enquanto a Cris era recrutada por uma assessoria de imprensa – com o Lauro ainda pequeno, um de nós precisava ter um horário de trabalho mais regular que o das redações. Alugamos apartamento, encontramos escola para o menino e em uma semana já tínhamos estabelecido a nova rotina.

Lembro de como eu chegava fascinado à redação do mais tradicional jornal de economia do país, que tentava resistir bravamente à chegada de um concorrente de peso. Mal podia acreditar que fazia parte daquela equipe que mesclava jornalistas tarimbados com jovens talentos. As reuniões de pauta eram como um sonho para quem vinha de um mercado menor – discutiam-se ali os grandes temas do país. Um colega havia entrevistado o ministro da Economia, outro acabara de voltar de uma visita a uma plataforma da Petrobras...

Embora tivesse sido repórter de Economia do jornal *A Notícia* durante algum tempo e trabalhado na revista *Empreendedor*, eu estava longe de me considerar um especialista na área. Tive a sorte, contudo, de cair na editoria de Carreiras, em que o domínio de conceitos e jargões não precisava ser tão aprofundado.

A página da editoria era semanal, o que me dava um bom prazo para pensar nas pautas e produzir as reportagens. Eu, que já havia sido repórter de Geral nos jornais de Florianópolis, sabia o que era ter que cumprir até cinco pautas em um mesmo dia. Desfrutar de uma semana inteira para preparar uma matéria era uma dádiva. Com o frescor de quem entra em contato com um tema pela primeira vez – eu mal sabia o que era um *headhunter*, o célebre "caçador de executivos" – e a motivação de quem quer mostrar trabalho, produzi logo de imediato matérias que ganharam espaço no jornal e foram elogiadas pelos editores.

Para minha surpresa, ao final do quarto mês na *Gazeta*, recebi o telefonema de um editor da *Veja*. Ele disse que acompanhava o meu trabalho e que a revista estava precisando de alguém para cobrir a área de Carreiras, à qual pretendia dar mais ênfase dali em diante. Eu era uma das possibilidades que estavam sendo cogitadas e ele queria conversar comigo. Fui ao prédio da Abril e saí de lá com a minha transferência acertada. Por mais que estivesse adorando a experiência na *Gazeta*, não poderia desperdiçar a oportunidade de trabalhar na maior revista do país, ainda mais sabendo que cada vaga na Abril é disputada por *trainees* selecionados nos melhores cursos de jornalismo do país. Naquele caso, a revista estava optando por alguém do mercado, mas era uma exceção.

Apesar do pouco tempo de convívio, deixei bons amigos na *Gazeta*. Comecei a trabalhar na Abril sem conhecer rigorosamente ninguém em todo aquele imenso prédio. Sentia-me como um estudante que havia trocado de colégio.

Comecei na *Veja* fazendo muitas matérias de Carreira – afinal, era para isso que eu havia sido contratado –, mas logo estava sugerindo e recebendo pautas de comportamento, família, saúde e finanças. Ao mesmo tempo em que cumpria as obrigações com a edição da semana, trabalhava ao lado dos colegas na apuração de reportagens mais abrangentes, algumas com potencial para capa – como de fato ocorreu, por exemplo, com um texto sobre a expansão da previdência privada no Brasil e outro sobre o aumento no índice de divórcios no país. Produzia também entrevistas para disputar as Páginas Amarelas – algumas chegaram lá, a exemplo das realizadas com o sociólogo italiano Domenico de Masi e com o *headhunter* brasileiro Robert Wong.

Foram três anos de grande aprendizado e muita dedicação ao trabalho. No fatídico 11 de setembro de 2001, eu estava chegando à redação bem no momento dos atentados terroristas e só saí de lá depois de quase 24 horas de trabalho ininterrupto. No dia do meu aniversário de 30 anos, 4 de outubro de 2002, alguns amigos e familiares me esperaram em casa para a comemoração, mas não pude deixar a redação antes da uma da manhã. Os amigos desistiram, pois cada um tinha seus compromissos no dia seguinte. Apenas minha mulher, minha mãe e o pequeno Lauro, com 4 anos à época, aguentaram firme para cantar "Parabéns a Você" e me ver apagando as velas.

Eu achava que era hora de trilhar novos caminhos. Mas quais? Trabalhar em outra revista da Abril poderia ser uma solução para renovar o fôlego, mas transferências do gênero estavam engessadas na editora naquela época. Além do mais, o que eu queria mesmo era dar um tempo do cotidiano exaustivo de uma redação.

Foi quando comecei a cogitar uma mudança temporária de área de atuação. Sempre tive curiosidade em saber como é o trabalho em uma editora de livros e decidi correr atrás da possibilidade. Descobri que o site da Câmara Brasileira do Livro tinha uma seção de ofertas de emprego, e lá encontrei um anúncio da Editora Contexto à procura de um coordenador

REDE DE CONTATOS É TUDO

editorial. Era uma editora especializada na área de História, com vários títulos importantes no catálogo, alguns deles vencedores do Prêmio Jabuti. Apresentei-me como candidato e, apesar da minha inexperiência no *métier*, fui contratado pelo proprietário e diretor da editora, o professor Jaime Pinsky.

A transferência para a editora representou para mim uma situação inédita em vários sentidos. Pela primeira vez, eu estava livre para atuar como jornalista freelancer. Até então, eu sempre tivera vínculo com um jornal ou uma revista, o que exigia exclusividade. Trabalhando em uma editora de livros, onde cumpria expediente regular de trabalho, eu passava a ter a oportunidade de eventualmente produzir reportagens como freelancer, aproveitando o tempo livre à noite e nos finais de semana.

Depois de quatro anos em São Paulo, eu e a Cris começávamos a sonhar com a volta a Florianópolis. Chorávamos de saudade cada vez que víamos o mar. O plano inicial era ficar não mais do que dois anos em São Paulo. Apreciávamos a cidade em diversos aspectos e reconhecíamos todas as oportunidades que ela nos tinha dado – estávamos sendo valorizados profissionalmente e havíamos conhecido gente de todos os cantos do país, algo que nenhum outro lugar do Brasil consegue oferecer na mesma proporção. Mas, como diz o ditado, não há lugar melhor que a casa da gente.

Hoje, somando todos os prós e contras e considerando a minha experiência bem-sucedida com teletrabalho, acredito que os melhores lugares para viver são mesmo as cidades médias. Nunca esqueço o que Domenico de Masi, o grande propagandista do ócio criativo, me disse na entrevista para a *Veja*, em 2002:

> Muita gente se muda para cidades grandes, como São Paulo, por imaginar que terá melhores condições de trabalho. Mas as metrópoles são muito dispersivas, desafiam a criatividade. Se fôssemos fazer uma pesquisa sobre onde nascem as ideias no Brasil, veríamos que boa parte provém das cidades médias, que oferecem ambiente propício para a criatividade. Atenas, na época de Péricles, contava com 40 mil habitantes. Florença, no tempo dos Medici, tinha 50 mil até 1348, quando houve uma grande peste que reduziu a população para 20 mil moradores. Michelangelo, Da Vinci e pelo menos mais 90 gênios surgiram daí.

A INCERTEZA DOS PRIMEIROS TEMPOS

Enquanto trabalhava na Contexto, avisei a alguns ex-colegas que estava disponível para frilas "leves", com prazo generoso e sem a necessidade de entrevistar muitas fontes, pois não dispunha do horário comercial.

Para o jornal *A Notícia*, onde eu havia trabalhado em Florianópolis, fiz matérias sugeridas por mim, como os per-

REDE DE CONTATOS É TUDO

fis da apresentadora de TV Olga Bongiovanni e da cantora Karina de Paula, ambas catarinenses radicadas em São Paulo.

Outros frilas foram surgindo. A então chefe de redação da *Você S/A*, Maria Tereza Gomes, que eu havia conhecido nos tempos de Editora Abril, me chamou para escrever uma reportagem sobre as melhores cidades para fazer carreira no Brasil e depois outra sobre o lançamento do Fórum do Trabalho pelo Governo Federal. Nesse meio tempo, comecei também a produzir notas sobre diversos temas para as seções "Guia" e "Para Usar", da *Veja*.

Já havíamos decidido voltar a Florianópolis, mas sem data estabelecida. Tínhamos financiado um apartamento em São Paulo e colocamos à venda a parte que havíamos pago. Quando o negócio fosse fechado, pediríamos demissão dos nossos respectivos empregos e faríamos as malas. Poderia demorar meses para a venda ser efetuada, mas foi tão rápido que nos pegou de surpresa: a tia de um vizinho do prédio quis ficar com o imóvel. Foi assim, meio no susto, que chegamos a Florianópolis em agosto de 2003.

Pela primeira vez na carreira, eu podia me anunciar como um frila em tempo integral, sem restrições, pronto para aceitar qualquer tipo de missão, inclusive viagens. O mercado jornalístico continuava movimentado e, a essa altura, muitos de meus ex-colegas da *Gazeta* e da *Veja* já estavam espalhados por outros veículos. Dois editores com os quais eu havia trabalhado na *Veja*, Maurício Lima e Sérgio Ruiz Luz, estavam agora na *Exame*. Ao tomar conhecimento de diversas situações semelhantes, percebi que tinha contatos em muito mais lugares do que eu imaginava.

A *Veja* estava preparando sua edição especial de fim de ano, *Natal Digital*, e fiquei com algumas pautas. A revista *Expressão*, de Florianópolis, encomendou uma matéria de capa sobre a situação da água na região Sul do país – trabalho que viria a ser finalista do respeitado Prêmio Ethos, algo que interpretei como um ótimo presságio para meu futuro como frila. A *Horizonte Geográfico* me procurou para uma reportagem sobre os 500 anos da cidade catarinense de São Francisco do Sul e uma entrevista com o célebre ambientalista Paul Watson, fundador da ONG de proteção às baleias Sea Shepherd, que passaria uns dias em Florianópolis. Continuei produzindo notas para a *Veja* e fechei um pacote de dez matérias especiais para o jornal *A Notícia* com temas sugeridos por mim, como a história do banho de mar em Florianópolis e a vida dos mágicos catarinenses.

Eu me sentia como um pescador novato que viu a rede se encher de peixes logo no primeiro arremesso. Essa primeira leva de tarefas como frila me deu a certeza de que trabalho não faltaria. Alguns eram mal remunerados – especialmente o pacote de matérias para o jornal *A Notícia*, que sequer contratava frilas e abriu uma exceção para mim –, mas eu me sentia feliz por estar com a agenda lotada. Sabia que, com o tempo, seria possível selecionar parcerias que proporcionassem uma remuneração justa. Naquele momento, o fundamental era espantar o fantasma que mais assombra freelancers novatos: ficar olhando para as paredes, sem ter o que fazer.

Algumas lições desses primeiros tempos: a importância de deixar portas abertas nos locais por onde passamos e a noção de que a carreira é algo que construímos dia a dia, tijolo a tijolo. Muitos dos meus primeiros frilas foram para os veículos em que eu havia trabalhado – e este livro está sendo publicado pela Contexto, justamente o lugar que me permitiu iniciar minha trajetória como autônomo.

O CAPÍTULO EM DEZ TÓPICOS

1. Jornalistas recém-formados têm grande interesse pela condição de freelancer, mas é importante trabalhar alguns anos como empregado para estabelecer uma rede de contatos.
2. Pelo menos 90% dos trabalhos de um frila vêm de pessoas com as quais ele já trabalhou.
3. O mercado de São Paulo concentra a maior parte dos bons frilas.
4. Ter deixado as portas abertas por onde se passou é fundamental no momento de virar autônomo.
5. Além da capacidade para realizar a tarefa, quem contrata um frila quer uma pessoa com a qual seja fácil se relacionar.

6. No início da trajetória como frila, é grande o risco de se meter em "roubadas".

7. Recomenda-se um período de transição, em que os primeiros frilas sejam feitos simultaneamente a um trabalho com vínculo empregatício.

8. O mais importante nos primeiros tempos é conseguir bastante trabalho, ainda que alguns não sejam tão bem remunerados.

9. Mesmo quando algumas relações se tornam sólidas a ponto de assegurar trabalho suficiente, deve-se continuar abrindo novas frentes.

10. Os novos relacionamentos estabelecidos por um frila são como namoros: alguns não vão adiante, mas outros podem dar em casamento.

O QUE DIFERENCIA UM FRILA

Leonardo da Vinci era freelancer. E, como todo frila, às vezes pegava mais trabalho do que deveria. Perfeccionista que só, ele frequentemente atrasava as entregas. No caso da *Última Ceia*, enrolou o mecenas Ludovico Sforza com uma desculpa esfarrapada, conforme nos conta o jornalista inglês Michael White no livro *Leonardo, o primeiro cientista*:

Vossa Excelência está ciente de que apenas a cabeça de Judas ainda não foi feita, e ele era, como todos sabem, um notório vilão. Portanto, a ele deve ser dada uma fisionomia correspondente a sua vileza. Para tal, durante um ano ou mais, noite e dia, eu tenho ido ao Borghetto – onde Vossa Excelência sabe que todos os rufiães da cidade vivem –, mas ainda não consegui descobrir um rosto de vilão correspondente ao que tenho em mente. Uma vez encontrado o rosto, terminarei a pintura em um dia.

Coloque-se no lugar de alguém que precisa contratar um freelancer para cumprir determinada tarefa. Será que ele vai preferir um "gênio" que não entrega os trabalhos no dia combinado ou alguém que faz um trabalho adequado à necessidade e é totalmente confiável em termos de prazo? "Não basta ser bom no que faz. Para se diferenciar de verdade, um freelancer precisa apresentar uma solução atraente para a equação qualidade-preço-tempo", resume o ilustrador Pepe Casals, que se especializou na área jornalística.

Ernesto Yoshida, que se especializou em editar e coordenar a produção de revistas, diz que a missão de qualquer freelancer é resolver um problema para o cliente. "Em geral, quando uma editora me chama para coordenar um projeto editorial é porque o prazo já está estourando. Minha especialidade é tentar fazer a melhor revista possível nessas circunstâncias", descreve.

O QUE DIFERENCIA UM FRILA

Ernesto só conseguiu se estabelecer como editor free-lancer de revistas, atividade que exerce desde 2003, porque tem resolvido a contento os problemas dos clientes. E só conquista espaço em sua equipe de frilas quem resolve os problemas dele, claro.

Desenvolver reputação de profissional comprometido e responsável é essencial para ser lembrado no momento em que as pessoas precisam de alguém para cumprir uma tarefa. Muita gente talentosa não consegue se estabelecer como frila porque comete pecados capitais na relação com quem o contrata.

Posso afirmar, sem receio de estar errado, que fazer o básico já é suficiente para se estabelecer no mercado, pois muita gente sequer cumpre os requisitos mínimos. "Fazer o básico" significa, em primeiro lugar, cumprir o prazo. Entre um bom trabalho concluído em dia e um trabalho genial entregue com um atraso que comprometa o cronograma de fechamento, qualquer contratante prefere a primeira opção.

Outra atitude que costuma ser mal vista é a insistência em um enfoque diferente do pedido. Claro que o frila tem o direito – e o dever – de alertar para um possível novo ponto de vista identificado durante a apuração e pode argumentar a favor da mudança de foco, mas a palavra final tem que ser do contratante.

Para exemplificar esse tipo de impasse, lembro da história contada por um fotógrafo com quem viajei em certa ocasião. Ele havia sido contratado por um jornal para produzir retratos de figuras emblemáticas da vida noturna de uma grande cidade. A pauta pedia imagens coloridas e cheias de brilho, mas o fotógrafo foi percebendo ao longo do processo que havia um quê de melancolia naquelas pessoas. Decidiu, por conta própria, fazer as imagens em preto e branco.

O fotógrafo considerou que tinha um belo material nas mãos e que em decorrência disso seria fácil convencer a editora. Mas ela detestou a mudança de rumo, principalmente por não ter sido avisada. Ele alegou que interpretara o que estava na pauta apenas como uma sugestão, e não como algo a ser cumprido à risca. Defendia o direito de apresentar sua visão pessoal sobre o assunto.

Imagino que o fotógrafo pode mesmo ter obtido um bom resultado e acho que a opinião de quem vai a campo deve ser sempre levada em conta, mas o fato é que havia ali um desencontro de expectativas e motivações. A editora queria apenas resolver as páginas conforme havia planejado. Já o fotógrafo, que tinha pretensões de desenvolver um trabalho mais autoral, estava empenhado em obter um resultado coerente com os rumos que desejava dar à carreira. Queria ser tratado como artista, mas esqueceu que havia sido contratado como fotojornalista.

O episódio teve um desfecho tumultuado. A editora exigiu que o fotógrafo refizesse as pautas de acordo com o especificado inicialmente, ele se recusou a fazê-lo e ela

O QUE DIFERENCIA UM FRILA

se recusou a pagá-lo. Contratou outro para cumprir a tarefa e riscou da agenda de colaboradores o nome do fotógrafo "rebelde".

Esse tipo de desentendimento pode ser evitado se houver uma maior troca de informações durante a realização do trabalho. O freelancer deve manter contato não apenas para esclarecer possíveis dúvidas, mas também para simplesmente dar notícias sobre o andamento do serviço. Dessa forma, o contratante se sentirá mais seguro e o frila reduzirá as chances de retrabalho.

A disposição para realizar ajustes e complementos nos trabalhos já entregues é um atributo muito desejado por quem contrata freelancers. Parece incrível, mas alguns colegas ouvidos para este livro relataram já ter deparado com frilas que simplesmente se recusaram a prestar o atendimento "pós-venda". Entregam o trabalho e o consideram pronto, como se fosse uma obra de arte. "Designers em geral se acostumam a trabalhar sozinhos e muitas vezes ignoram a necessidade de edição de arte posterior. Acreditam que seu trabalho é intocável, o que pode tornar ainda mais difícil um fechamento com prazos apertados", exemplifica a designer Sandra Kaffka, sócia da agência ArteAgora e ex-diretora de arte da Agência Estado.

LIBERDADE E COMPROMETIMENTO

Quem trabalha como freelancer tem compromisso acima de tudo com as necessidades do contratante, e não com as próprias necessidades de realização. Se um determinado tipo de trabalho não era exatamente o que você gostaria de estar fazendo, paciência. A partir do momento em que aceitou realizá-lo, deve se dedicar ao máximo para cumprir as expectativas.

Flávio Valsani, sócio da LVBA, uma das assessorias de comunicação mais tradicionais e respeitadas de São Paulo, descreve um episódio simbólico nesse sentido. Ele precisava encontrar alguém para produzir reportagens para um jornal corporativo, e o próprio cliente indicou uma jornalista que havia passado por grandes redações de jornal em São Paulo.

No modo de fazer, não havia grande diferença entre os dois tipos de trabalho. Produzir o jornal corporativo dependia do tradicional ritual de marcar entrevistas com as fontes – nesse caso, funcionários de diversos setores da empresa.

A jornalista não percebeu, contudo, que o seu papel na relação com as fontes havia mudado. Ela não era mais uma repórter de jornal que podia tratá-las com certa superioridade, exigir respostas rápidas e chegar atrasada aos encontros. Agora era preciso se submeter aos horários e às condições ditadas pelos entrevistados – já que, além de fontes, eles eram também clientes.

O QUE DIFERENCIA UM FRILA

Mesmo sendo orientada pelos experientes profissionais da LVBA, a jornalista insistiu no erro – e teve que ser substituída. "Frilas também fazem parte do time, ainda que temporariamente. Precisam ter tanta sintonia com os objetivos da empresa quanto os funcionários de carteira assinada", ressalta Flávio.

Cândida Silva tem uma história de falta de comprometimento que seria até cômica se não fosse triste, por envolver um profissional em início de carreira. A agência da qual ela é sócia em Salvador foi contratada para produzir material durante o agitado Carnaval baiano – textos e fotos eram enviados diretamente dos camarotes e trios elétricos para veículos nacionais e internacionais.

A equipe foi reforçada por alguns frilas, e um deles, recém-formado, chegou atrasado logo na primeira noite, alegando que havia ficado preso no engarrafamento. Na segunda noite chegou a tempo, mas não demonstrou iniciativa: artistas, políticos e modelos passavam pelo camarote sem que ele produzisse uma nota sequer – preferia ficar conversando ao celular para saber como estava sendo o carnaval dos amigos. Por fim, no terceiro dia, ele simplesmente abandonou o barco. "Ligou em cima da hora dizendo que aquele trabalho não combinava com ele. Por causa de seis dias de Carnaval, esse rapaz queimou uma oportunidade de trabalho para os outros 359 dias do ano", lembra Cândida.

Um bom exercício para que um freelancer tenha noção das expectativas do contratante é ter enfrentado, ele próprio, as dificuldades de contratar e se relacionar com frilas. A designer Maria Eugênia Silva Ribeiro, sócia do escritório F+G, presta serviços de projeto gráfico e direção de arte para revistas e eventualmente precisa chamar colegas para trabalhos grandes e com prazo curto. "Não é fácil encontrar quem combine criatividade e bom gosto com rapidez, organização e responsabilidade, e ainda por cima seja simpático e humilde", diz.

Todo mundo que contrata freelancers diz que comprometimento é fundamental. Deve-se vestir a camisa do contratante, por mais que frilas tenham que trocar de camisa várias vezes ao dia.

Lembro de uma ocasião em que eu estava produzindo uma reportagem para uma revista de abrangência regional. Entrei em contato com uma grande multinacional do setor de eletrodomésticos pedindo uma entrevista e, depois de algum tempo, a assessoria de imprensa informou que o porta-voz não falaria pessoalmente, mas seguramente responderia por e-mail. Quando venceu o prazo que havíamos combinado e as respostas não haviam sido enviadas, entrei em contato com a assessoria, deixei recados e algumas horas depois recebi um e-mail: "Olá Maurício, tudo bem? Acredito que o executivo não conseguiu responder as perguntas. Desculpe por qualquer coisa e podemos marcar algo para uma próxima. Continuamos à disposição."

O que ficava evidente, para mim, era um tremendo desprezo pela publicação, por ser regional. Sei que as assessorias

O QUE DIFERENCIA UM FRILA

de imprensa ficam muitas vezes reféns das decisões do cliente, mas aquilo era inaceitável. Claro que toda empresa tem o direito de responder a quem quiser, mas um acordo havia sido feito e foi desrespeitado. Sendo apenas um frila, eu poderia simplesmente me conformar. Mas não resisti e mandei uma resposta em que deixava claro o quanto discordava daquele comportamento e ressaltava as virtudes da revista, com duas décadas de existência e sólida reputação na região em que atua.

Então veio uma emenda ainda pior que o soneto: "Boa tarde, Maurício. Por políticas da empresa não há possibilidade de respondermos estas questões estratégicas. Agradecemos o contato e continuamos à disposição." Além da inexplicável frieza da moça – parecia que eu estava trocando mensagens com um desses "robôs" que nos atendem nos serviços de *call centers* –, a resposta revelava que o problema não havia sido falta de tempo do executivo, mas uma decisão estratégica da empresa de não falar sobre aquele assunto. Continuava sendo uma decisão legítima, mas por que não me disseram logo? Ficava cada vez mais óbvia a falta de transparência no relacionamento da empresa com a imprensa. Retruquei.

A chefe da assessoria entrou então em contato para pedir desculpas e dizer que a empresa valorizava, sim, as publicações de circulação regional. Mas pelas costas tentou me prejudicar: mandou uma cópia da troca de e-mails para a direção da revista, com o intuito de "denunciar" a petulância de um mero frila. O tiro saiu pela culatra: o pessoal da revista adorou, pois eu havia dito exatamente o que eles gostariam de dizer e não podiam.

"NÃO POSSO": USE COM MODERAÇÃO

Recusar trabalho é uma decisão de risco para qualquer freelancer. Não que seja proibido, pois há momentos em que assumir uma tarefa a mais se torna realmente desaconselhável. Se você diz não a alguém, entretanto, é provável que deixe de ser a primeira opção quando surgir um novo projeto. "Mas é melhor perder um cliente dessa forma do que perdê-lo por um serviço malfeito", ressalta Ernesto Yoshida.

No meu caso, muito dificilmente recuso um pedido que venha dos meus principais parceiros, por mais atarefado que esteja. Se for obrigado a dizer não, deixo claro que é por absoluta falta de alternativa – e peço que não se esqueçam de mim.

Da mesma forma, o primeiro contato de um veículo do qual tenho interesse em me aproximar é quase sempre acolhido, por mais que a missão pareça não ser das mais fascinantes ou a remuneração não seja das melhores. Uma das coisas que a vida de frila me ensinou é que trabalhos medianos podem abrir caminho para frilas excelentes originados da mesma fonte.

Percebo que querer apenas o filé mignon e desprezar a "carne de pescoço" é um equívoco recorrente entre frilas.

Desenvolver um relacionamento de longo prazo com um cliente é como um casamento: vale para os bons e os maus momentos. Se você estiver disponível para as tarefas mais espinhosas, será lembrado também nos bons momentos (mas é claro que, exatamente como ocorre num casamento, só vale a pena manter o relacionamento se os bons momentos forem mais frequentes que os ruins).

Um frila bem estabelecido corre o risco constante do excesso de atribuições, situação que pode originar uma série de problemas: a qualidade do trabalho cai, o expediente fica longo demais, os finais de semana e as madrugadas passam a ser usados com frequência...

Cada um tem que descobrir os seus limites e ir aprendendo a lidar com a demanda. Não é fácil conciliar o que eu disse há pouco – o fato de raramente recusar pedidos dos parceiros mais frequentes – com os problemas relacionados ao excesso de atribuições. Com o tempo, contudo, você percebe que a vida de frila é como uma gangorra, em que períodos de maior acúmulo de trabalho se alternam com outros em que continua havendo trabalho, mas é possível respirar um pouco e se preparar para o próximo mergulho.

Neste momento, mantenho sete "casamentos" profissionais – relacionamentos com pessoas ou instituições que me fornecem trabalho com certa regularidade. Ainda assim, consigo estar muitas vezes disponível para novos contatos e clientes que me procuram apenas eventualmente.

Cada frila descobre quantos casamentos consegue manter simultaneamente. No meu caso, o volume de trabalho chega muitas vezes a um ponto em que me sinto pressionado, mas já descobri que tendo a produzir mais quando a fila de tarefas a cumprir está grande. Meu cotidiano profissional é, na realidade, uma corrida constante para diminuir a lista de pendências. Isso funciona para mim como um grande fator de motivação – tanto é verdade que, quando a fila diminui, eu não me deixo seduzir pela possibilidade de zerá-la e automaticamente tiro o pé do acelerador.

Há uma regra que eu sigo religiosamente: dizer não duas vezes seguidas a um parceiro com o qual tenho interesse em manter o vínculo está fora de cogitação. Imagino que muita gente interprete duas recusas seguidas como uma forma elegante de dizer "não estou mais a fim de frilar para você". Eu interpretaria assim, pois essa é justamente a estratégia que uso quando não estou interessado em manter um vínculo. Simplesmente recuso o trabalho sem dar muita ênfase no "da próxima vez não se esqueça de mim, hein?".

Quem pretende se estabelecer como frila precisa entrar no imaginário das pessoas não apenas como um profissional que dá conta do recado, mas também como alguém que costuma estar disponível.

Nesse sentido, os frilas em tempo integral levam grande vantagem sobre aqueles que têm emprego fixo e só eventualmente estão livres. Muitos jornalistas com emprego fixo se

O QUE DIFERENCIA UM FRILA

propõem a fazer frilas para ganhar algum dinheiro extra, mas é uma situação delicada. O horário das entrevistas não pode coincidir com o do expediente de trabalho. Além disso, como a maior parte dos jornais e revistas exige exclusividade de seus funcionários, muitas vezes é preciso tocar os frilas às escondidas.

Tenho uma amiga que trabalhava em uma revista e usou um codinome para assinar um frila para outra publicação, de uma editora concorrente. A matéria acabou recebendo um dos mais conhecidos prêmios de jornalismo do país – e ela não pôde subir ao palco durante a solenidade de entrega, à qual estava presente. A editora da publicação, sua "cúmplice", recebeu o prêmio e disse que a autora (da qual ninguém jamais tinha ouvido falar) não pôde comparecer porque estava viajando.

Para fugir de complicações do gênero, muitos contratantes dão preferência aos frilas livres e desimpedidos, que se assumem plenamente como tal. "A principal dificuldade para encontrar bons frilas é a alta rotatividade. Quando um frila começa a entender o estilo e o padrão da revista que estou editando, arruma um emprego e tenho de começar do zero com outro. Por isso costumo quase sempre optar por quem já está consolidado como frila e não encara essa condição como mera circunstância temporária", diz Ernesto Yoshida.

Ernesto é um dos meus casamentos profissionais mais duradouros e profícuos. Não nos conhecíamos quando ele me procurou no início de 2004, logo nos meus primeiros meses como frila, seguindo indicação de um conhecido em comum. Precisava de alguém para produzir textos para uma recém-lançada newsletter quinzenal da *Exame*, chamada "Melhores Práticas". Como eu tinha experiência na área de carreiras, parecia ser o nome certo. Ao longo dos meses seguintes, fiz cerca de quarenta matérias para a newsletter, até o último número – a publicação havia sido concebida para durar um ano.

A newsletter acabou, mas minha parceria com o Ernesto estava apenas começando. Virei colaborador frequente dos especiais da *Superinteressante*, que ele estava editando naquela fase – "As 30 Maiores Descobertas da Ciência", "Enciclopédia dos Animais Extintos", "O Livro do Futuro", "Paranormalidade", "O Livro dos ETs", "O Livro das Conspirações", "O Livro das Mitologias". Depois vieram as matérias para os anuários da *Exame* – Agronegócios, Infraestrutura, Sustentabilidade, Turismo – e para a *Frota*, filhote da *Quatro Rodas* especializada em logística, todas publicações coordenadas por ele. Com todo esse histórico, não tenho muitas alternativas – a não ser topar na hora – quando o Ernesto me liga ou manda um e-mail perguntando se estou disponível para um trabalho.

Há também relacionamentos que não são com pessoas específicas, mas com os veículos – um tipo de parceria que permanece mesmo quando os editores mudam. Minha ligação com a *Você S/A* é um exemplo. Cheguei a assinar

O QUE DIFERENCIA UM FRILA

matérias durante 13 edições seguidas da revista mensal e fui chamado para produzir dois livros vendidos em bancas – o *Manual do Imposto de Renda* e o título sobre Direito da coleção Grandes Profissões. Tornei-me, também, um dos poucos freelancers que integram a equipe de jornalistas que produz o anuário *As Melhores Empresas para Você Trabalhar* – missão fascinante que inclui, a cada ano, um mês inteiro de viagens por diferentes estados. Mais recentemente, quando a revista lançou uma filhote, a *Você RH,* voltada a profissionais de recursos humanos, tornei-me colaborador assíduo também desse título.

Ao longo dos sete anos de relacionamento com a *Você S/A,* mudaram as peças-chave da redação, mas o meu nome continua firme na lista de colaboradores. Ao mesmo tempo, alguns dos colegas que saíram da revista passaram a trabalhar em outros veículos e abriram novas possibilidades de frilas para mim – é o que podemos chamar de "milagre da multiplicação do network".

Hoje, depois de sete anos como frila, tenho conhecidos espalhados por praticamente todos os principais jornais e revistas do país. O dinamismo do mercado é um fator importante para que um freelancer consiga abrir novas frentes. Pessoas que conhecemos em determinada circunstância estarão amanhã em outro emprego, ocupando outro cargo, possivelmente à procura de frilas.

CORDIALIDADE ACIMA DE TUDO

Ninguém quer trabalhar com um sujeito reclamão e mal-humorado. Quando fazemos parte do quadro de funcionários de uma empresa, somos frequentemente obrigados a aturar esse tipo de comportamento de colegas, chefes ou subordinados.

Já freelancers bem estabelecidos têm a possibilidade de escapar dos "malas" e lidar apenas com quem conseguem manter um relacionamento saudável e respeitoso. Quando a primeira experiência com alguém é ruim nesse sentido, tem-se o privilégio de simplesmente riscar essa pessoa do caderninho.

Da mesma forma, quem precisa contratar um frila não vai pensar apenas na capacidade de execução da tarefa. Vai levar em conta a facilidade no relacionamento, o entusiasmo que essa pessoa demonstra, o acesso que oferece – a qualquer momento, por e-mail ou telefone –, o grau de iniciativa para buscar novos caminhos quando necessário, a disposição para realizar ajustes ou complementos no trabalho.

Quando se é freelancer, a figura do chefe é diluída entre todos os contratantes. Com isso, há a oportunidade de estabelecer relações que se assemelham muito mais à de colegas do que à de superior e subordinado. A parte ruim da relação com um chefe – como aquela desagradável sensação de estar sendo constantemente vigiado – é drasticamente amenizada. Mas há também perdas: conviver com profissionais mais expe-

O QUE DIFERENCIA UM FRILA

rientes sempre resulta em aprendizado, e esse tipo de relação praticamente deixa de existir quando trabalhamos sozinhos.

A cordialidade nas relações é um aspecto vital para a sobrevivência a longo prazo dos relacionamentos de um freelancer. Em sete anos como autônomo, não cheguei nem perto de discutir com alguém que tenha me chamado para um trabalho. Acredito que a prioridade deve ser sempre levar o compromisso até o fim, para só depois tomar uma decisão sobre a pertinência de insistir naquela parceria.

Eventualmente acontece de um frila ser mais trabalhoso do que parecia a princípio (assim como também pode ocorrer o inverso). Nem sempre a dimensão de uma tarefa está claramente delineada quando começamos a trabalhar nela – deve-se levar em consideração certa margem de erro. Em uma relação de cordialidade e respeito mútuos, sempre há espaço para renegociações quando o volume de trabalho se revela muito diferente do projetado inicialmente.

O que não se pode fazer é ficar reclamando do volume de trabalho, do prazo ou da remuneração depois que as condições gerais foram combinadas, nem credenciar a esses fatores a eventual má qualidade do trabalho. Muitas vezes é preciso abrir mão de algo hoje para ganhar em dobro amanhã. Se você foi compreensivo e colaborativo em condições complicadas, será lembrado em situações mais favoráveis.

Claro que o parágrafo anterior se refere a parcerias nas quais vale a pena apostar. Em algumas situações, há certo abuso por parte do contratante – é quando se corre o risco de atravessar a fronteira tênue entre cordialidade e submissão.

Pedir complementos é normal, mas há casos em que os editores decidem mudar o foco da reportagem depois de o trabalho do freelancer ter sido concluído, o que exige praticamente uma nova apuração. O justo seria receber uma remuneração extra por isso, naturalmente. "A situação é delicada, pois a maior parte das empresas contratantes não está a fim de aceitar o frila que impõe esses limites. O pessoal de arte e foto está mais organizado nesse sentido: clicou, entregou, pagou. Mudou de ideia? Então paga de novo", descreve Adriana Teixeira, que se tornou frila em 2004, depois de trabalhar em três grandes revistas femininas como repórter e editora.

Eu acredito no diálogo e parto do princípio de que o outro lado não planejou prejudicá-lo de propósito. Há editores que são naturalmente mais inseguros sobre o rumo da reportagem e pedem muito mais material do que o necessário ou mudam o enfoque no meio da apuração. Isso faz com que entrevistados e personagens já apurados venham a ser descartados na versão final do trabalho, o que não apenas dá ao frila a sensação de perda de tempo como também cria uma saia justa com essas fontes.

Se você estiver lidando com um profissional correto, ele tentará obter um acréscimo na remuneração diante da evidência de que o volume de trabalho foi bem maior que o estimado inicialmente. Embora nem sempre os limites orçamentários permitam que o acréscimo seja de fato concedido, o simples reconhecimento do excesso ao qual você foi submetido já é louvável, pois fará com que ele tenha mais cuidado da próxima vez.

Conheço alguns frilas que parecem mulher de malandro. Reclamam horrores, mas continuam prestando serviços para quem não merece. Em casos assim, deve-se tomar a decisão firme de romper o relacionamento.

Foi o que fiz com uma publicação especializada em esportes com a qual jamais havia colaborado e para a qual sugeri uma pauta, dentro da minha política de abrir novas frentes em temas com os quais tenho afinidade. Um time de futebol de Santa Catarina, o União de Timbó, havia perdido todos os dez jogos que fez pelo campeonato estadual. Jogar dez vezes sem conseguir sequer um empate é algo raro no futebol.

Achei que valia a pauta, entrei em contato com a publicação e eles também acharam interessante. Mas não estipularam tamanho nem preço para a matéria. Apenas disseram "pode apurar, depois a gente acerta". Liguei para um diretor do clube, o técnico, três jogadores, reconstituí circunstâncias de algumas das dez partidas – enfim, produzi um relato detalhado daquela temporada desastrosa para o União de Timbó.

Cheguei a cogitar uma visita à sede do clube, a 160 km de Florianópolis. Mas decidi não fazer a viagem sem um respaldo mais explícito da publicação. Ainda bem. Entreguei a matéria com cerca de 5 mil caracteres e eles decidiram transformá-la numa nota de 600 caracteres. Uma eventual "decepção" com o texto não poderia ser alegada para justificar a decisão, pois a pauta estava clara desde o começo e a matéria certamente a cumpria adequadamente.

Publicada a nota, tive que batalhar para receber o pagamento. O editor não respondia meus e-mails e procurei então o diretor de redação, que parece ter ficado ofendido pelo contato direto de um mero freelancer e simplesmente despachou a questão para a moça que cuidava do administrativo-financeiro da revista sem se dirigir a mim.

Depois de alguma insistência da minha parte, ela me informou que o diretor de redação havia aprovado um pagamento de R$ 100 pelo trabalho. Cem reais para recompensar dois dias de dedicação e as muitas ligações que eu havia feito para falar com os editores e as fontes. Jamais esperaria ser tratado dessa forma por um título respeitado, que eu conhecia desde criança e que pertence a uma editora para a qual já prestei inúmeros serviços em uma relação de completo profissionalismo.

Falha minha por não exigir regras mais claras, certamente. Mas o que me deixou mais chateado não foi terem usado um décimo do texto que enviei ou proposto um pagamento ridículo, mas a forma desrespeitosa como tudo isso ocorreu.

Nessa publicação, a arrogância era uma característica que ia do primeiro ao último integrante da equipe (sabe-se que as pessoas acabam se inspirando no estilo do chefe, tanto para o bem quanto para o mal).

Há ocasiões em que o relacionamento com os colegas jornalistas é o melhor possível, mas o processo se complica na hora de receber o pagamento pelo trabalho. Certa vez, a moça responsável pelo departamento financeiro de uma determinada publicação ligou perguntando se poderia dividir o pagamento em três parcelas mensais, pois a empresa estava sofrendo com a inadimplência dos clientes.

Eu poderia responder que, não sendo sócio da publicação, não tinha nada a ver com suas eventuais dificuldades financeiras, pois não está entre as obrigações de um freelancer participar do risco do negócio – já que eu certamente não seria contemplado com um bônus quando a empresa viesse a atravessar um período de vacas gordas. Poderia também apelar para o lado sentimental e argumentar que esse é o tipo de coisa que não se faz com um pai de dois filhos. Mas simplesmente concordei e acertamos um cronograma de pagamento.

O segundo depósito não foi feito no dia combinado e entrei em contato por e-mail com a tal moça do financeiro, que só respondeu depois de três dias – e ainda assim porque eu escrevi ao editor que me contratara contando o que estava acontecendo. Ele pediu satisfações ao departamento financeiro. Contou que esse tipo de situação já havia feito a empresa queimar o filme com alguns frilas e temia que eu fosse o próximo a recusar trabalho.

O maior problema não era o atraso em si, mas o descuido no relacionamento. A moça poderia ter me avisado que o combinado não seria cumprido ou, na pior das hipóteses, responder imediatamente quando escrevi.

O pagamento foi prometido para um determinado dia da semana seguinte – e não foi, mais uma vez, realizado. E mais uma vez não houve aviso ou justificativa. Sei que o jornalista que me contratou para o trabalho não tem culpa, mas não dá para manter um relacionamento com uma empresa que age dessa forma. Mesmo porque frilas não podem ficar perdendo tempo com cobranças e outras questões burocráticas. Para um frila, mais do que ninguém, tempo é dinheiro. Alguns meses depois, quando o editor voltou a me procurar para passar um frila, abri o jogo e disse que, embora os pagamentos tivessem sido finalmente feitos, a relação com a empresa havia ficado irremediavelmente comprometida após o episódio.

A boa notícia é que situações como essas foram exceções ao longo dos meus sete anos como freelancer. Felizmente, a maior parte dos relacionamentos tem se guiado pelo profissionalismo e pela cordialidade – de minha parte, mantive o *fair play* até mesmo no lamentável caso da publicação esportiva, embora tivesse tido a vontade de... bem, você deve imaginar.

Há casos em que a parceria evolui para um estágio em que o frila passa a ser considerado como um legítimo componente da equipe. Eu me senti assim em relação ao *Anuário de Infraestrutura* da *Exame*, por exemplo. Em certa

O QUE DIFERENCIA UM FRILA

ocasião, recebi a tarefa de produzir o perfil de um aeroporto, localizado em qualquer país do mundo, que pudesse ser considerado modelo em eficiência e qualidade nos serviços. Os editores pediram que eu investigasse o tema para chegar a uma sugestão do aeroporto a ser retratado na matéria – o que certamente indicava um alto nível de confiança por parte deles.

Cheguei à conclusão de que uma boa referência seria o Aeroporto de Copenhague, na Dinamarca. A sugestão foi acatada e fiz a matéria, a distância. Duas semanas depois, repetimos o procedimento para estabelecer um município brasileiro cuja estrutura de saneamento tivesse evoluído rapidamente nos anos anteriores. Minhas pesquisas levaram à indicação de Goianésia (GO), e dessa vez fui produzir a reportagem *in loco*.

Cada um dos meus casamentos profissionais tem características próprias. Um dos mais recentes, com o *Valor Econômico*, começou em 2008. Stela Campos, editora de Carreiras, estava precisando de contribuições eventuais e fui indicado por uma amiga em comum, que já havia trabalhado com ambos.

Desde então, tenho feito em média uma matéria especial por mês para o jornal – várias delas com temas que me agradaram um bocado, como o crescimento das oportunidades de trabalho ligadas às modalidades de energia renovável e a dificuldade das empresas em lidar com a falta de modéstia de *trainees* escolhidos em processos superdisputados. Não marcamos na agenda, mas vez ou outra a Stela me procura com uma pauta ou pergunta se tenho alguma sugestão. Ou eu dou um alô e mando algumas sugestões.

Em todos os relacionamentos, ser simpático e solícito ajuda, mas é claro que não basta. De nada adianta ser um verdadeiro *gentleman* se não forem cumpridas as duas obrigações fundamentais para estabelecer relações duradouras: entregar o trabalho no prazo combinado e com um padrão aceitável de qualidade. Nem mesmo o perfeccionismo-*embromation* de Leonardo da Vinci é argumento suficiente para justificar um atraso.

O CAPÍTULO EM DEZ TÓPICOS

1. Um frila já se diferencia no mercado simplesmente por entregar os trabalhos com qualidade adequada e dentro do prazo.

2. A insistência em mudar o enfoque desejado pelo contratante é causa comum de atritos entre o frila e os clientes.

3. O frila deve tomar a iniciativa de informar o contratante sobre o andamento do trabalho.

4. Realizar ajustes e complementos após a entrega da tarefa é uma etapa normal e faz parte do pacote — mas é preciso resistir aos abusos.

5. Uma vez aceito um trabalho, deve-se priorizar a necessidade do cliente, e não a sua necessidade de realização pessoal.

6. Um frila passa a entender melhor o outro lado quando vive a experiência de contratar e coordenar outros frilas.

7. No momento em que você está representando um determinado veículo, deve agir com o mesmo comprometimento de quem trabalha lá em tempo integral.

8. Recusar trabalho duas vezes seguidas para o mesmo cliente é como dizer que não está mais interessado em prestar serviços para ele.

9. Tenha em mente quais são os seus clientes preferenciais, aqueles para os quais só se recusa trabalho quando não há qualquer possibilidade de conseguir realizá-lo.

10. Lembre-se de que trabalhos não muito atraentes frequentemente abrem as portas para outros bem mais interessantes e bem remunerados.

ESPECIALISTA OU GENERALISTA?

Esta é uma questão muito importante para quem está planejando virar freelancer. De que forma se colocar no mercado: como um especialista, que cobre uma área limitada, mas tem potencial para se transformar em uma verdadeira autoridade naquele tema (com a possibilidade de capitalizar essa reputação de diferentes formas) ou como um generalista, popularmente conhecido como "pau pra toda obra"?

Claro que essa escolha tem relação direta com a carreira desenvolvida até o momento em que o profissional decide se tornar freelancer. Quem trabalhava como setorista conhece muita gente naquela área e tem fontes formadas. Nos primeiros tempos como frila, a demanda surgirá naturalmente desse universo já dominado. Se houver a pretensão de abrir o leque e se tornar generalista, cabe ao freelancer se esforçar para abrir novas frentes — o que não será fácil, pois sua imagem no mercado e sua experiência são de especialista.

No meu caso, a opção por ser generalista decorre em parte da minha trajetória anterior — fui repórter de geral, polícia, cultura, economia e carreiras — e em parte da convicção de que a diversidade de experiências é um dos aspectos mais fascinantes que a vida de freelancer pode proporcionar. A perspectiva de aprender algo novo a cada dia foi um dos fatores que me levaram a escolher o jornalismo como profissão.

Classifico a mim mesmo como generalista, mas é importante ressaltar que sempre me mantive dentro da "grande área" do texto, com a qual tenho maior afinidade desde os tempos de universidade. Nesse sentido sou especialista. Nunca trabalhei em TV, rádio ou assessoria de imprensa. Acho importante construir reputação em uma dessas "grandes áreas", por mais que a atuação dentro dela possa ser ampla.

Em contrapartida, a pluralidade de experiências pode ser útil para quem atua como freelancer. Ter familiaridade com diferentes mídias ajuda a conseguir trabalho. Milton Jung, um dos radialistas mais conhecidos do país, trabalhando na CBN desde 2000, conta que a presença de freelancers no rádio brasileiro costuma estar relacionada a eventos extraordinários em localidades sem a presença de correspondentes das emissoras. Nesses casos, o normal é recorrer a alguém da mídia impressa local que tenha alguma experiência com a linguagem de rádio.

Se o freelancer especialista já não tem uma vida monótona, o generalista corre um risco ainda menor de cair na rotina. A qualquer momento pode surgir um novo trabalho ou uma viagem inesperada. Começar a semana sem saber exatamente o que vai acontecer é ótimo, ao menos do meu ponto de vista. Há quem prefira viver com mais estabilidade e planejamento – para esses, a vida de autônomo certamente não é recomendável.

Na comparação com os especialistas, os generalistas parecem enfrentar um caminho menos árduo para se estabelecer como frilas, pois dispõem de um leque mais amplo de possibilidades. Há, em contrapartida, a desvantagem de ser de certa forma conduzido pelas circunstâncias. "Jogar nas 11 posições funciona bem para quem quer como resultado pagar as contas no final do mês, mas o reconhecimento e o fortalecimento do nome como marca, que levam a boas remunerações a longo prazo, ficam com os profissionais especializados", considera a fotógrafa Fabrizia Granatieri, que, em 15 anos de carreira como fotojornalista, trabalhou apenas durante dois anos como empregada.

Eu gostaria de fazer mais trabalhos na área de cultura. Adorei o período em que cobri o setor para o jornal *A Notícia,* no início da carreira, quando produzi várias reportagens prazerosas e entrevistei gente como Fernanda Montenegro, Paulo Autran, Lenine, Ney Matogrosso, Adriana Calcanhotto e Ana Botafogo – enfim, todos os artistas de peso que passavam por Florianópolis. Mas a maior demanda por frilas, ao menos no leque de relacionamentos que estabeleci, está na área de economia, espécie de "antagonista" natural da área de cultura (como se fossem "o corpo" e "a alma" do jornalismo, pois uma trata de temas quase sempre objetivos e a outra de temas quase sempre subjetivos).

Se os frilas de cultura não chegam espontaneamente, tento com alguma regularidade vender pautas relacionadas à área. Quando a flexibilidade dos meus horários de frila permitiu que eu fizesse um mestrado – em História, na Universidade Federal de Santa Catarina –, escolhi como tema da dissertação a biografia de um flautista, Patápio Silva (1880-1907). O mestrado funcionou, na prática, como uma grande reportagem cuja apuração se estendeu por dois anos e meio – tempo mais do que suficiente para compensar eventuais frustrações com a escassez de frilas na seara da cultura.

Admiro muito quem consegue se estabelecer como freelancer especialista, pois é uma condição que certamente exige uma dose extra de persistência. Minha ex-colega Valéria Lages – trabalhamos juntos na década de 1990 – é um

ESPECIALISTA OU GENERALISTA?

caso que considero exemplar. Ela se tornou autônoma com a determinação de se manter na área ambiental, com a qual sempre teve afinidade. Enfrentou todas as dificuldades iniciais e foi abrindo novos caminhos. Especializou-se também em fotografia, de tal forma que poderia oferecer trabalhos que incluíssem tanto texto quanto imagem.

Valéria foi se tornando conhecida no meio em que atua e com o tempo começou a ser procurada para bons trabalhos. Em 2009, foi a Fernando de Noronha, a convite do Projeto Tamar, e acabou se envolvendo com pesquisas que abarcavam não apenas tartarugas, mas também golfinhos, tubarões, ouriços e polvos. Durante um longo período mergulhava todos os dias, e às vezes também à noite, para fazer fotos subaquáticas. Vez ou outra visitava um navio naufragado.

A longo prazo, acho que o grande desafio para o especialista é conseguir enxergar cada nova tarefa com o frescor necessário para que a apuração jornalística não seja prejudicada. Com o passar do tempo, é quase inevitável a sensação de dominar o tema tanto quanto as fontes – ou até mais do que elas. Por outro lado, quem realmente gosta do que faz consegue manter a chama da curiosidade acesa, pois sempre há mais e mais a aprender sobre qualquer assunto.

OS DESAFIOS DO JORNALISTA-CAMALEÃO

Um freelancer generalista está o tempo todo lidando com vários assuntos simultaneamente, o que pode gerar alguma confusão. Tenho uma história engraçada que ilustra bem isso. Eu estava coordenando a equipe de produção do guia de gastronomia da *Veja* em Santa Catarina, chamado "O Melhor da Cidade", e recebia o tempo todo ligações de donos de restaurantes e bares, que queriam passar informações ou tentavam fazer *lobby*.

Nesse meio tempo, a *Exame* estava preparando uma reportagem especial sobre os quarenta anos da revista e me passou uma tarefa nobre: ouvir nomes de peso da economia brasileira para que comentassem os principais acontecimentos econômicos das quatro décadas anteriores. Eu teria que enviar relatórios dessas conversas para que as informações e declarações mais relevantes fossem incorporadas ao material que estava sendo apurado pela equipe da revista.

Como havia um bom prazo para o frila da *Exame* e já era final de tarde quando recebi a missão, optei por adiantar os contatos por e-mail. Expliquei do que estava precisando, deixei meus telefones e só voltaria a me preocupar com o assunto dois dias depois, imaginando que provavelmente nenhum dos figurões teria me respondido até lá e que eu teria então que tentar contato por telefone. Ao menos as secretárias que leem e filtram os e-mails para os chefes já estariam a

ESPECIALISTA OU GENERALISTA?

par do assunto. Voltei ao trabalho para a *Veja*, que estava com o prazo apertado. E os donos de restaurante e bares ligando o tempo todo...

Numa das vezes em que o telefone tocou, deu-se o seguinte diálogo:

— Poderia falar com o Maurício?
— Sou eu.
— Oi, aqui é o Mailson. Tudo bem?

Passou pela minha cabeça que aquele era um nome típico de dono de restaurante de frutos do mar — afinal de contas, eu havia falado nos últimos dias com inúmeros Adilsons, Joilsons e Edilsons. Fiquei esperando algum tipo de identificação adicional ("Mailson, do Toca da Tainha" ou "Mailson, do Paraíso dos Camarões"). Percebendo a minha hesitação, ele complementou:

— Mailson da Nóbrega.

Era o ex-ministro da Fazenda, em resposta ao e-mail que eu havia mandado apenas meia hora antes — um primor de agilidade. E de simpatia. Interessado nas novas tendências do mercado de trabalho, ele quis saber como um jornalista sediado em Florianópolis estava produzindo material para a *Exame*. Expliquei em linhas gerais a minha situação e ele disse que tinha inveja de mim e que se pudesse faria o mesmo, pois adorava a capital catarinense.

Desliguei o telefone sorrindo. "Puxa, um ex-ministro acaba de dizer que tem inveja da minha situação... Não é pouca coisa, hein?" Mas logo o telefone me chamou de volta à realidade:

– Maurício? Oi, aqui é o Joilson, do Paraíso da Tainha...

Tocar vários frilas ao mesmo tempo exige certo grau de organização. Um dos procedimentos básicos é ter um bloco de anotações para cada trabalho em andamento, um lugar na prateleira reservado para o material referente a cada tarefa e arquivos esquematizados no computador.

Pena que a vida real não colabore muito e o processo de produção nem sempre possa seguir esses padrões, pelo simples fato de que o cotidiano de um freelancer costuma ser um tanto caótico. Você tenta marcar horário com as fontes, mas muitas delas decidem ligar quando bem entendem (confesso, envergonhado, que já fiz anotações em verso de recibo de posto de gasolina). O mais importante de tudo, entretanto, é estar mentalmente organizado, de tal forma que você seja capaz de receber um telefonema de surpresa e mesmo assim realizar a entrevista.

Um frila precisa desenvolver a capacidade de adaptar-se rapidamente às diferentes necessidades dos clientes. Cada

ESPECIALISTA OU GENERALISTA?

publicação tem um estilo de texto, por exemplo. Marcos Graciani, editor das revistas *Amanhã* e *Aplauso*, de Porto Alegre (a primeira especializada em economia e a segunda na área de cultura), diz que a maior dificuldade que enfrenta ao selecionar freelancers é encontrar quem tenha texto final adequado ao perfil de cada publicação. "O normal é ter que trabalhar um bocado em cima dos textos. Quando aparece um freelancer que nos poupa esse tempo, naturalmente se torna uma opção preferencial", descreve.

Lembro bem da primeira pauta que recebi quando troquei a *Gazeta Mercantil* pela *Veja*. Era sobre o "helicóptero coletivo": uma empresa estava vendendo cotas do aparelho para grupos de dez pessoas, que dividiam a propriedade e rachavam os custos de manutenção. Parecia ser um bom negócio e era sem dúvida uma boa pauta. Fui a campo, andei em um dos helicópteros adquiridos em condomínio e levantei todos os dados possíveis e imagináveis.

Quando entreguei o texto, o editor comentou:

— Rapaz, quantos números! Lembre que você não está mais na *Gazeta Mercantil*!

De fato, eu havia produzido uma matéria com viés econômico. Não havia me dado conta de que trocara um jornal especializado em economia por uma revista que circula entre todo tipo de leitor. Para a *Veja*, o que interessava era o aspecto curioso daquele novo negócio e a mensagem implícita de que o sonho de ser dono de um helicóptero – e escapar assim do trânsito e da violência urbana – estava cada vez mais próximo da classe média, principal público da revista.

O editor adaptou o texto ao estilo *Veja*. Permaneceram apenas os números que de fato interessavam ao grande público: cada sócio gastaria R$ 76 mil na aquisição da cota e teria que desembolsar R$ 3,7 mil por mês pela manutenção. Quase cinquenta pessoas já haviam comprado cotas e outras trezentas tinham demonstrado interesse por escrito. Pronto. O resto – incluindo muitas informações sobre o desempenho dos aparelhos e o mercado de helicópteros no Brasil – era perfeitamente dispensável.

Com o tempo, aprendi a escrever dentro dos padrões da revista. As intervenções dos editores se tornaram cada vez mais raras e pontuais. Assim, os textos que eu assinava não eram propriamente meus, mas sim a minha interpretação do estilo da *Veja*.

Depois que me tornei freelancer, compreendi ainda melhor a necessidade de adaptação às expectativas e ao perfil de cada cliente. Quem contrata um colaborador quer ter o menor trabalho possível, evidentemente. Quanto mais próximo do esperado chegar a encomenda, melhor.

Aprendi com o tempo a me moldar não apenas ao perfil de cada veículo, mas até mesmo a características pessoais de quem encomendou o trabalho. Há uma editora que quase

ESPECIALISTA OU GENERALISTA?

sempre muda a abertura das matérias – quando estou escrevendo para ela, sei que não adianta perder muito tempo pensando num *lead* criativo. Outro gosta de colocar suas próprias firulas no texto – nesse caso, a melhor estratégia é entregar uma "parede em branco" para que ele a decore como quiser. E há os que tendem a publicar o texto exatamente do jeito que o receberam, o que é bom, mas exige o máximo de cuidado.

As mudanças feitas pelos editores deixaram de me chatear tanto quanto ocorria no começo da carreira – a não ser, claro, aquelas que interferem drasticamente no conteúdo (essas, felizmente, são raras). Há editores que têm o dom de fazer alterações para melhor, mas outros mexem sem muita atenção e acabam deixando uma ideia confusa aqui, um erro de concordância ali, uma vírgula mal colocada acolá... Eu costumava morrer de vergonha ao imaginar que os leitores credenciariam esses erros a mim. Agora estou um pouco menos vaidoso nesse sentido.

Trabalhar como freelancer para tantas publicações diferentes não deixa de ser um exercício de humildade. Deve-se ter a compreensão de que o mais importante é a adequação do trabalho à proposta do veículo. Obrigar-se a privilegiar a clareza no lugar da beleza é uma escolha frequente. Muitas vezes é preciso trocar uma palavra bonita ou uma construção supostamente mais sofisticada por outras sem tanto glamour, mas que transmitem a mensagem de forma mais eficiente para o público-alvo do veículo.

PAU PARA *QUASE TODA* OBRA

Por mais que um freelancer generalista seja, por definição, alguém que se dispõe a enfrentar todo tipo de tarefa, é aconselhável evitar o trânsito por alguns campos minados.

Por exemplo: não é adequado prestar serviços simultaneamente para duas publicações que sejam concorrentes diretas quando você tem um vínculo de longa duração com uma delas. Como colaboro regularmente com a *Exame* e a *Você S/A* há alguns anos, me senti na obrigação de recusar ofertas de frilas feitas pela *Época Negócios*, embora ninguém tenha imposto esse tipo de condição.

Quando não há um vínculo muito forte é diferente: escrevo apenas eventualmente para o *Estadão*, e quase sempre para cobrir pautas factuais em Santa Catarina. Não teria problemas em contribuir para a *Folha de S. Paulo*, se fosse o caso.

Além dessas questões relacionadas à concorrência, há outros tipos de "campos minados". Certas áreas do jornalismo exigem acompanhamento constante e algum grau de especialização. Tenho grandes dificuldades para fazer matérias de saúde, por exemplo. São temas complexos, pois é preciso conhecer os termos médicos e ter discernimento para identificar o que é de fato relevante. Além do mais, fazer uma reportagem sobre tema relacionado à saúde é uma imensa responsabilidade, pois qualquer informação equivocada ou mal explicada pode resultar em sérias consequências para os leitores.

ESPECIALISTA OU GENERALISTA?

Em 2008, fui procurado para produzir uma matéria do especial da revista *Saúde!* sobre diabete. Resolvi que era hora de enfrentar a velha resistência e testar minha capacidade de ser de fato generalista. A pauta era sobre os danos que a diabete pode causar ao cérebro. Havia o desafio de encontrar um novo viés sobre o tema, que já havia sido abordado na edição anterior do especial.

Nunca me preparei tanto para enfrentar um assunto. Busquei informações genéricas sobre diabete e sobre o funcionamento do cérebro, fui atrás de pesquisas científicas recentes e repercuti o que encontrava com especialistas. Fui extremamente cuidadoso ao construir o texto, mas mesmo assim continuava me sentindo inseguro: será que estava usando os termos adequados, será que havia escrito alguma bobagem?

O texto passou bem pela editora do especial – ela sim especializada na área –, o que já me deixou mais confortável. O primeiro parágrafo dizia:

> A ciência está cada vez mais empenhada em compreender e tentar prevenir os possíveis danos acarretados pelo diabete ao cérebro. Diversos estudos já comprovaram que a falta de comando nos valores de glicemia tem um efeito negativo imediato na capacidade de raciocínio e memória – e há fortes indícios de que a manutenção desse desequilíbrio por longos períodos pode tornar os prejuízos per-

manentes. Sabe-se, por exemplo, que diabéticos têm duas vezes mais doenças neurodegenerativas, como Alzheimer e Parkinson, do que a população em geral. A correlação parece tão evidente que uma das linhas de pesquisa sobre o mal de Alzheimer, que atinge 30 milhões de pessoas no mundo, estuda a hipótese um tanto inusitada de que a doença possa vir a ser considerada um terceiro tipo de diabete, cujo cenário exclusivo seria o cérebro – uma ideia que ainda merece muita investigação científica.

Estava aí a novidade necessária, e o texto seguiu nessa toada por quatro páginas. Creio que o resultado do trabalho foi adequado (e até onde sei ninguém contestou qualquer informação incluída), mas a experiência reforçou minha decisão de continuar evitando a área da saúde. Em primeiro lugar, porque não gosto da sensação de insegurança que envolveu todo o processo de apuração e redação do texto. Além disso, há uma questão bem prática: gastei muito tempo me preparando para a matéria, o que fez com que a remuneração pelo trabalho ficasse proporcionalmente abaixo da média.

Outra das minhas "fronteiras proibidas" eram as revistas femininas. Eu jamais havia colaborado com uma delas quando uma ex-colega perguntou se eu toparia escrever sobre os pecados que as mulheres cometem na relação com o dinheiro. Aceitei o desafio e produzi frases como "às vezes é preciso decidir entre comprar uma bolsa linda (e caríssima)

ESPECIALISTA OU GENERALISTA?

e uma que também fará bonito e custará três vezes menos". Se não me engano, foi ao escrever exatamente essa frase que decidi que a minha estreia seria também a minha despedida das revistas femininas. Afinal de contas, só mesmo o Chico Buarque consegue pensar e escrever como mulher.

Durante os contatos para este livro, conheci Mariana Viktor, uma frila que também trocou São Paulo por Florianópolis, mas continua prestando serviços principalmente para as publicações sediadas na capital paulista. Apesar de tantas coisas em comum, não sabíamos da existência um do outro porque nossas "tribos" são opostas: com passagem por diversas revistas femininas da Abril, ela atua justamente nos segmentos que eu considero "campos minados", e vice-versa. Em Florianópolis há outros jornalistas que atuam como freelancers para publicações nacionais, como é o caso de Dauro Veras, com experiências igualmente ecléticas – entre seus clientes mais assíduos estão a *Revista do Observatório Social* e o *Valor Econômico*.

Voltando a falar dos "campos minados": há também as restrições que passamos a fazer por critérios éticos, e nesse caso cada um estabelece seus padrões. Produzir reportagens para o jornal interno de um fabricante de cigarros, por exemplo, é algo que não me deixaria de consciência tranquila – cheguei a ser sondado certa ocasião para esse frila, que incluiria viagens e seria bem remunerado (a ideia era mostrar que a indústria do cigarro sustenta milhares de produtores de fumo).

Mas não condeno quem aceite o trabalho, pois cada um sabe das próprias necessidades e define os limites que considera adequados. Mariana Viktor conta que já fez matérias do tipo "Emagreça sete quilos em um mês", mas com a maturidade profissional decidiu que deixaria de endossar práticas que podem ser prejudiciais à saúde ou ajudam a estabelecer padrões de beleza fora da realidade da típica mulher brasileira.

Para a designer Sandra Kaffa, o limite pode estar muitas vezes na simples falta de afinidade pessoal. "Já fui contratada para embelezar e tornar funcionais produtos e serviços com os quais não me identifico. Embora seja sempre um desafio e um aprendizado tentar melhorar algo que parece ruim, cada vez mais penso no que vale a pena atender e no que não vale", diz.

Na face oposta da mesma moeda, fazer trabalhos com os quais há identificação pessoal é sempre motivador e gratificante. Sandra tem predileção por frilas que envolvam o terceiro setor – especialmente nas áreas de educação e direitos humanos, que ela passou a atender com frequência nos últimos anos. São trabalhos nem sempre bem remunerados, mas que proporcionam outros tipos de compensação. "O espaço de criação é ampliado quando você precisa fazer muito com poucos recursos. Aprende-se muito nessas circunstâncias", relata a designer.

ESPECIALISTA OU GENERALISTA?

Todo freelancer vez ou outra aceita trabalhos apenas pelo dinheiro, e não deve haver vergonha em admitir isso. Cley Scholz, chefe de reportagem da editoria de Economia & Negócios do jornal *O Estado de S. Paulo*, varou muitas madrugadas para dar conta dos frilas quando os três filhos eram pequenos. "Uma vez fiquei colaborando em várias edições para uma revista especializada em equipamentos musicais, com matérias sobre o mercado de eletrônicos. Eu não gostava muito do tema, mas comprei muitos pacotes de fraldas com aqueles textos chatos", relembra. A fotógrafa Fabrizia Granatieri, que cobre eventualmente a área de celebridades, considera que as repetidas pautas envolvendo Sasha, a filha da apresentadora Xuxa ("Sasha chora pela primeira vez em público", "Primeiro dia de aula de Sasha" etc.), pouco ou nada acrescentaram à carreira. Mas ajudaram a pagar as contas. Vida que segue.

Apesar da necessidade de ganhar dinheiro, é importante não perder a vontade de contribuir para mudar o mundo – afinal de contas, foi essa pretensão romântica que levou muito de nós a escolher o jornalismo como profissão. Quando estamos iniciando a carreira, temos a visão um tanto limitada de que isso só é possível com reportagens que envolvem denúncias ou tenham conteúdo explicitamente social. Com o tempo, aprende-se que a mais prosaica das pautas pode ajudar as pessoas a ter uma vida melhor, já que o caminho mais eficaz para isso é o acesso à informação.

No final de 2009, fiz uma reportagem sobre a cafeteria Santo Grão, um *case* de sucesso na gastronomia de São Paulo, para a *Você RH*. Uma das sócias, Vanessa Mills, 29 anos na ocasião, contou que sua situação atual começou a ser definida em 2002, quando ela, recém-formada em Publicidade e Propaganda, decidiu passar um ano na Nova Zelândia com o objetivo de aprimorar o inglês. Para pagar o curso e se manter, ela conseguiu trabalho como barista numa cafeteria – foi quando entrou em contato com a forte tradição que o café tem naquele país.

De volta ao Brasil, estava à procura de trabalho quando soube que o neozelandês Marco Kerkmeester havia inaugurado a cafeteria em São Paulo. Foi conhecer a casa e conversou com Kerkmeester, que a contratou para o único cargo que tinha à disposição naquele momento: garçonete. Quando veio a ideia de lançar uma marca própria de café, Vanessa foi convidada para se tornar sócia e assumir o departamento de *marketing*.

Durante a nossa conversa, Vanessa mencionou que havia se decidido de vez pela viagem à Nova Zelândia ao ler uma reportagem sobre o país como novo destino preferencial de brasileiros interessados em estudar inglês, publicada em 2001 na *Veja*. A matéria que ela estava citando havia sido escrita por mim. Uma grande coincidência que me fez pensar sobre quantas pessoas podem ter sido influenciadas pelas centenas de matérias que escrevi ao longo dos meus primeiros 15 anos de carreira – e, tomara, em quantas ainda serão.

O CAPÍTULO EM DEZ TÓPICOS

1. Ser generalista ou especialista é uma escolha que tem relação direta com a carreira desenvolvida até o momento de virar frila.
2. Generalistas costumam ter um cotidiano cheio de surpresas – algo que cai como uma luva para quem não gosta de monotonia.
3. Especialistas costumam enfrentar mais dificuldade para conseguir trabalho, pois o leque de opções é menor.
4. A remuneração dos trabalhos feitos por especialistas tende a ser melhor, contudo.
5. O maior risco do especialista é a sensação de conhecer o tema tanto ou até mais do que as fontes.
6. A grande dificuldade do generalista é conseguir administrar a execução de várias tarefas simultâneas.
7. Ser generalista exige a capacidade de se adaptar rapidamente às diferentes expectativas dos clientes.
8. Mesmo que você se proponha a ser generalista, há certos "campos minados" que devem ser evitados.
9. Não é vergonha fazer certos trabalhos principalmente pelo dinheiro, embora o desejável seja buscar tarefas que contribuam também para a realização profissional.
10. Por mais que se tente ser organizado, o cotidiano de um frila é naturalmente caótico.

O MUNDO NÃO TE ENTENDE

A história foi contada pelo colega Joaquim Ferreira dos Santos no livro *Em busca do borogodó perdido*:

Foi sei lá quando, também não me lembro bem qual era o exato assunto. Talvez samba das antigas. Só sei que, do lado de cá do telefone, intrépido repórter em ação, eu perguntei alguma coisa para o Grande Otelo e ele, ator fabuloso e também compositor, autor do clássico "Praça Onze", autoridade na história da música popular, estupefaciou-se do lado de lá com o que tinha ouvido da minha arguição.

"Meu filho", começou, "você é freelancer, não?" – e imediatamente eu o imaginei com aqueles olhos esbugalhados que, quando entravam em *close* na tela, eram gargalhada certa na plateia. [...] Otelo foi em frente, tentando parecer cruel como se estivesse vendo em mim um novo Oscarito para *sparring*. Quando ele soube que eu era do quadro fixo da revista *Veja*, revelou-se, ao seu jeito Atlântida de ser, sinceramente descrente: "Meu filho, essa sua pergunta é pergunta de freelancer!"

Se você pretende virar frila, prepare-se para ser alvo de um tipo dissimulado, mas ainda muito presente, de preconceito. Muita gente pensa, como Grande Otelo pensava, que "freelancer" é apenas uma palavrinha bonita que inventaram para substituir "desempregado".

As pessoas nem sempre dizem isso abertamente, mas pode ter certeza de que muitas delas acham (mesmo no meio jornalístico, por incrível que pareça) que só está trabalhando como frila quem não teve competência para assegurar um bom emprego. Há, de forma geral, um apego exagerado ao "sobrenome" que acompanha quem trabalha em um veículo importante: é o "fulano da *Veja*", a "fulana da *Folha*".

Em decorrência desse preconceito, recomenda-se estar preparado para algum tipo de resistência, velada ou explícita,

O MUNDO NÃO TE ENTENDE

das fontes. Muitas ficam com um pé atrás ao receber um telefonema de alguém que se apresenta como um freelancer a serviço de uma grande publicação. "Algumas pessoas podem se sentir 'desprestigiadas' por serem entrevistados por um frila", adverte Adriana Teixeira. Outras chegam ao ponto de ligar para a publicação para checar se a história é verídica. Neste nosso mundo repleto de neuras, há até quem imagine que o tal jornalista seja na verdade um concorrente tentando roubar informações.

Meu caso é ainda mais "suspeito", pois me identifico como freelancer de veículos sediados quase sempre em São Paulo, mas passo telefones de contato com o DDD de Florianópolis. Isso me obriga a perder mais alguns segundos com explicações. Percebo que, por mais que se fale que as relações de trabalho estão mudando e que o futuro é o teletrabalho, muita gente ainda estranha uma situação como a minha – embora seja verdade que as reações venham se tornando gradualmente mais naturais.

Lembro de um caso bastante simbólico em que o preconceito contra autônomos aflorou abertamente dentro da própria categoria dos jornalistas. Em 2005, a freelancer Melissa Monteiro, 29 anos à época, que havia oito morava em Paris e tinha uma produtora independente, conseguiu uma entrevista com o presidente Lula, que estava de passagem pela França. Ela passou cinco semanas negociando a entrevista e, por alguma razão, os assessores do presidente acabaram concordando. Melissa já havia produzido material para as emissoras francesas de TV e tinha a perspectiva de vender a entrevista para uma delas – talvez tenha sido esse o argumento que seduziu Lula, sempre interessado em reforçar a sua imagem pessoal e a do Brasil no exterior.

Depois da entrevista feita, nenhum grande canal francês se interessou. Melissa entrou em contato então com a Rede Globo e vendeu a entrevista para ir ao ar no *Fantástico*, com a condição de que os 11 minutos fossem exibidos na íntegra.

Ao longo de seus dois mandatos, Lula nunca gostou de dar entrevistas coletivas – algo que fez em pouquíssimas ocasiões – e concedeu raras exclusivas. Aquela entrevista para uma jornalista desconhecida e independente soou como ofensa para os grandes veículos brasileiros, já que o presidente não havia conversado com nenhum dos correspondentes enviados especialmente a Paris para acompanhar sua visita à França.

As reações foram violentas e muitas delas colocaram em dúvida a integridade profissional de Melissa. Como uma freelancer poderia ter conseguido uma entrevista com o presidente sem o respaldo de um grande veículo de comunicação? Melissa, formada pela École Supérieure de Journalisme de Lille e especializada em videojornalismo (modalidade em que o próprio jornalista opera a câmera), foi acusada de se submeter a uma suposta encenação orquestrada pelos assessores de Lula para que o presidente transmitisse a informação que bem entendesse – a entrevistadora seria uma mera figura decorativa.

O MUNDO NÃO TE ENTENDE

Para se defender, Melissa escreveu um artigo contando que os assessores do presidente não gostaram de algumas perguntas sobre política interna que alegavam estar fora do que havia sido inicialmente combinado (a conversa teria que ser apenas sobre a visita do presidente à França) e tentaram convencê-la a apagar esses trechos da entrevista. Ela não concordou, mesmo porque essa era a parte potencialmente mais interessante da conversa.

Outra faceta do preconceito contra frilas é considerá-los "ladrões de emprego". Pessoas ligadas aos sindicatos não costumam ver com bons olhos o crescimento do número de jornalistas autônomos. Por uma questão, sobretudo, de sobrevivência e manutenção do poder dos próprios sindicatos, essas pessoas prefeririam que todo o trabalho produzido para veículos de comunicação ficasse a cargo de funcionários com carteira assinada. O raciocínio é que, se não houvesse a alternativa de contratar freelancers, os veículos seriam obrigados a aumentar suas equipes fixas e isso resultaria em mais empregos para jornalistas.

Esse tipo de resistência é reflexo de conceitos antiquados, que associam carteira assinada a estabilidade, e, por contraposição, empresta à condição de freelancer uma falsa aura de instabilidade. Discordo totalmente dessa visão e, mais do que isso, afirmo o contrário: uma vez superadas as turbulências iniciais, a vida de frila se torna bem mais segura que a de empregado.

Ao manter vários relacionamentos estáveis simultâneos, o frila faz o que os economistas sugerem que façamos com o nosso dinheiro: distribui os ovos por várias cestas. Se um dos meus vínculos for rompido, por qualquer razão, restam todos os outros – e tempo de sobra para construir um novo relacionamento que ocupe o lugar vago. Já quem é empregado vive sob o risco constante de ser demitido da noite para o dia e ficar a ver navios. Qual das duas situações proporciona mais estabilidade?

Eu me sinto muito mais tranquilo para assumir prestações e financiamentos agora, como frila, do que nos tempos de empregado. Mas minha mãe ficou um tanto apreensiva quanto anunciei que me tornaria freelancer. Ela, que é do tempo em que as mães sonhavam com os filhos empregados no Banco do Brasil, tinha medo de que me faltasse trabalho e dinheiro para sustentar seus netinhos. Demorou alguns anos para ela se convencer da solidez da minha situação – se é que está completamente convencida.

Por incrível que pareça, a vida de frila pode proporcionar certa regularidade até mesmo do ponto de vista financeiro. Com base na experiência acumulada, é possível fazer uma projeção aproximada do rendimento anual. A tendência é que, mantido o nível de dedicação, o faturamento cresça um pouco de um ano para o outro, pois a proporção de frilas bem remunerados vai naturalmente aumentando. Se você reduz as horas dedicadas ao trabalho, o rendimento cai – foi o que ocorreu nos anos em que fiz o mestrado, por exemplo, pois tive que dedicar parte do meu tempo aos estudos e às pesquisas relacionadas à dissertação.

Mesmo que se tenha uma boa noção do rendimento futuro, o fluxo dos créditos continuará irregular. Pode-se passar dois meses sem receber quase nada – por isso é importante manter uma reserva de dinheiro. Aprende-se na marra a fazer planejamento financeiro de longo prazo, em vez do planejamento mensal que os assalariados costumam fazer.

Quem se habituou a salário fixo todo mês, sempre no mesmo dia, pode ter sérias dificuldades para lidar com a irregularidade dos rendimentos – até porque as contas continuam tendo data certa para vencer. Como regra geral, é bom não contar com o pagamento de um frila antes de 45 dias após a conclusão do trabalho.

Esse *delay* é perfeitamente normal. Muitos veículos só pagam por um trabalho após a publicação – mesmo que, por motivos que não tenham nada a ver com o autor, o material fique algum tempo na gaveta. Como regra geral, isso vale para qualquer trabalho de tiro curto, que tem prazo de entrega inferior a um mês: recebe-se o pagamento apenas depois de entregar a tarefa feita. Pedir adiantamento é uma possibilidade apenas para empreitadas de maior porte.

Certa vez, produzi uma reportagem em julho, mas os editores da revista consideraram que o assunto combinava mais com o verão. Anotei na agenda e voltei a entrar em contato em novembro para lembrá-los da matéria de gaveta — o pessoal não costuma ser muito organizado com essas coisas. De fato, a equipe da revista havia mudado quase totalmente e o editor que encomendara o trabalho já não estava mais por lá. Tive que contar ao novo editor como se dera todo o trâmite, e ele honrosamente cumpriu o combinado com o antecessor. A matéria foi publicada na edição de dezembro, e só recebi o pagamento em janeiro, seis meses depois de concluir o trabalho.

Por tudo isso, o ideal é manter uma reserva de dinheiro suficiente para pagar as contas durante pelo menos três meses. Essa providência é ainda mais importante quando se começa como frila, pois demora um pouco até que a engrenagem funcione bem. Eu mesmo não tinha essa reserva quando comecei, contudo — o que também tem um lado positivo, pois é a necessidade que nos faz correr atrás de trabalho. Ou, como diria Tom Jobim, não há inspiração maior que as contas penduradas na geladeira.

"LÁ VAI O VAGABUNDO"

Se você é freelancer, pode ser que nenhum vizinho o tenha chamado abertamente de desocupado ou algo do gênero, mas pode ter certeza de que pelas costas os comentários são maldosos. Afinal de contas, você vive de bermudas, vai comprar picolé no meio da tarde e leva o filho no parquinho bem no horário em que o local está repleto de babás, enquanto a sua mulher sai todos os dias para trabalhar e "sustentar a casa", de acordo com a provável interpretação alheia.

Ao contrário da maior parte das pessoas, um frila tem liberdade total para administrar as 24 horas do dia. Pode acordar mais tarde, ir à academia, tomar café com calma, fazer compras no horário em que o supermercado está vazio, dar uma volta no meio da tarde – enfim, tem a oportunidade de desfrutar de todos os privilégios de quem não precisa cumprir um expediente fixo de trabalho.

Tudo isso pode representar um ganho significativo na qualidade de vida, mas há também o risco de que o excesso de liberdade se transforme em problema. Só quem tem muita disciplina consegue resistir aos apelos do horário flexível. Não é fácil manter o foco no trabalho quando se pode ir à praia, ao shopping, acompanhar aquela mesa-redonda sobre futebol que passa à tarde na TV a cabo...

O que muitos frilas fazem (e eu tenho que admitir que às vezes caio nessa armadilha) é contar com a madrugada e os finais de semana para dar conta de tudo, diante das muitas brechas abertas ao longo da semana para atividades extraprofissionais.

Um dos colegas que procurei para este livro, designer gráfico, me disse que enfrentaria a quarta noite seguida sem dormir para dar conta das encomendas. Todo freelancer sabe que entrar madrugada adentro – e às vezes virar a noite – é algo relativamente comum, mas quatro vezes seguidas é praticamente um recorde! Parece óbvio que esse colega pegou mais trabalho do que tinha condições de realizar. Torna-se quase impossível manter a qualidade diante de tanto sacrifício físico.

Claro que cada um sabe onde aperta o calo. Os rendimentos de um freelancer estão diretamente relacionados ao número de horas trabalhadas. Se há necessidade de ganhar mais dinheiro, é inevitável ter que dedicar mais tempo ao trabalho.

Apesar dos benefícios da flexibilidade, muita gente acha que o ideal é que o frila consiga estabelecer uma rotina que se aproxime da "vida normal" das outras pessoas. Ou seja, trabalhar cerca de oito horas por dia e descansar à noite e nos finais de semana. Até acho que seja possível estabelecer essa rotina e, ainda assim, obter uma boa remuneração. Mas isso implicaria abrir mão justamente das maiores vantagens de ser freelancer.

Na vida real, cada um se adapta da melhor forma possível às circunstâncias do cotidiano. Eu, por exemplo, costumo trabalhar um pouco pela manhã, aproveito bem a tarde – quando a espoleta Lígia, de 5 anos, está na escola – e, dependendo da necessidade, dou uma esticada à noite, a partir das nove horas, quando as crianças dormem e a casa entra em silêncio.

Tenho a possibilidade de avançar madrugada adentro porque a Cris trabalha a partir do início da tarde e segura as pontas de manhã cedo. Desde o final de 2009, contudo, estou morando perto da praia e adoro caminhar, correr ou andar de bicicleta logo no comecinho da manhã. Para acordar bem disposto, preciso ir cedo para a cama – esse é o meu novo desafio.

Quando se é freelancer com escritório doméstico, não há como evitar a mistura entre o cotidiano familiar e as atividades profissionais. Se eu tivesse que sintetizar em uma frase qual é o grande desafio da vida de frila, não teria dúvidas em dizer que é encontrar o equilíbrio entre trabalho e vida pessoal.

Não é fácil montar a fórmula que reúna realização profissional, boa remuneração e tempo para se dedicar à família e ao lazer. Não posso afirmar que alcancei plenamente o equilíbrio desejado, mas estou convicto de que venho dando importantes passos desde que me tornei frila. Hoje, próximo dos 40 anos, percebo com clareza que nunca fui tão feliz e realizado profissionalmente quanto agora.

Um aspecto curioso e muito motivador da vida de frila, da forma como ela se desenhou para mim, é que eu e minha família poderíamos, neste momento, escolher qualquer lugar do país – ou mesmo do mundo – para viver, e ainda assim eu teria condições de manter boa parte dos trabalhos que venho fazendo. Passar um ano no exterior faz parte dos nossos planos familiares, e essa possibilidade parece hoje perfeitamente viável em decorrência, sobretudo, da minha condição de frila.

A AGRIDOCE VIDA DE FRILA

Trabalhar como frila implica uma série de vantagens e desvantagens em relação a um emprego convencional. Dependendo do lado da balança que pesar mais – levando-se em conta o momento de vida e a personalidade de cada um –, a experiência pode ser considerada positiva ou negativa. Vez ou outra a gente vê algum consultor aconselhando quem trabalha em casa a cumprir rituais semelhantes aos de um emprego convencional – começar sempre no mesmo horário, vestir-se com "roupas de escritório" e manter os horários das refeições, sem ataques à geladeira no meio do expediente. Como assim, cara-pálida? Qual é a graça de ser frila se você não pode atacar a geladeira de vez em quando?

Tenho a impressão de que as pessoas que dão esses conselhos jamais trabalharam em um escritório doméstico. Para mim, a orientação mais estranha é a de vestir-se (e maquiar-se, no caso das mulheres) como se fosse sair de casa. Se você tem o privilégio de trabalhar em ambiente tão acolhedor e íntimo, por que iria abrir mão da possibilidade de usar roupas confortáveis? Para "fingir" que está em um escritório? Posso assegurar que boa parte dos homens adoraria deixar de fazer a barba todos os dias. Se eu tenho esse privilégio, por que não desfrutar dele?

Claro que é importante ter um espaço reservado para trabalhar, um local que ofereça o sossego e a privacidade necessários. Deve-se conscientizar os familiares – inclusive as crianças – de que aquele cômodo é um reduto de trabalho

O MUNDO NÃO TE ENTENDE

(meus filhos chamam o meu escritório de "cafofo do papai").
Mas é uma ilusão imaginar que você permanecerá tão perto
da família sem que vez ou outra tenha que interagir.

Não tem jeito: trabalhar em casa envolve o risco de
ser considerado alguém sempre disponível. Se a sua mulher
está preparando o almoço e não consegue abrir a lata de
extrato de tomate, o que ela vai fazer? Fingir que você não
está bem ali ao lado e pedir ajuda ao vizinho? "Desculpa, o
Maurício está em casa, mas não posso incomodá-lo com essas
coisas insignificantes."

"Somos privilegiados. Não são todas as profissões que
permitem estar em casa com o filho e trabalhar ao mesmo
tempo", lembra Roberta Lippi, que se tornou frila depois
do nascimento da primogênita, Luísa, em 2007. No começo,
Roberta ficou naturalmente temerosa, pois sempre havia
trabalhado fora – foi repórter da *Gazeta Mercantil* e do *Valor
Econômico* e nos quatro anos anteriores à decisão de virar frila
estava na comunicação corporativa de uma empresa do setor
financeiro. O fato de o marido ter um emprego convencional, com salário fixo, deu a ela a tranquilidade necessária para
iniciar a nova fase profissional.

Essa é uma boa combinação para um casal: se um dos
dois é frila, recomenda-se que o outro tenha emprego fixo.
Nos sete anos em que trabalho como frila, a Cris sempre
teve carteira assinada. Não apenas pela remuneração regular
ou pela possibilidade de obter benefícios para a família toda

por meio da carteira assinada – como plano de saúde, por exemplo –, mas também para o bem da própria relação. Duas pessoas trabalhando em casa agrava a instabilidade financeira e significa tumulto demais para a rotina doméstica.

Quando um componente do casal trabalha em casa e o outro fora, uma fonte potencial de conflitos são as atribuições domésticas. Costuma sobrar para o freelancer tarefas do cotidiano que precisam ser feitas em horário comercial, como ir ao banco ou atender o encanador no meio da tarde. Isso pode atrapalhar um bocado o fluxo do trabalho. Para evitar discussões do tipo "hoje a louça é sua", minha sugestão é estabelecer uma divisão clara das incumbências de cada um – com espaço para eventuais renegociações quando um dos dois estiver mais atarefado.

Uma das vantagens do escritório doméstico é proporcionar um significativo ganho de tempo. Em uma cidade como São Paulo, e mesmo em centros mais tranquilos como Florianópolis, o deslocamento entre casa e trabalho dificilmente consome menos de duas horas por dia, sendo otimista. A soma do tempo economizado com deslocamento pode facilmente resultar em um dia a mais de trabalho por semana. Sem falar no lado financeiro: economiza-se combustível, metrô, ônibus, enfim, os custos de transporte. E o mundo agradece, pois quem trabalha em casa contribui para reduzir o trânsito e a poluição causada pelos veículos.

Um dos aspectos mais decisivos a favor da vida de frila é que cada hora destinada ao trabalho é efetivamente produtiva – você está 100% focado em avançar na tarefa daquele momento porque há outras na fila, e desse fluxo depende o seu rendimento.

Em um emprego fixo, sempre há o "tempo morto" em que você fica aguardando o editor ler a sua matéria, esperando o carro da empresa ou participando de reuniões que não vão direto ao que interessa. Isso sem falar em casos mais drásticos, quando não há computador, cadeira ou telefone para todo mundo. Há lugares em que se enfrenta burocracia até para conseguir os instrumentos de trabalho mais básicos, como caneta e bloquinho de anotações.

Evidente que o convívio com colegas faz falta. Enfrentar a solidão passa a ser um dos grandes desafios do freelancer. Não há com quem comentar algo engraçado ou curioso, trocar ideias sobre o trabalho em andamento ou simplesmente compartilhar um cafezinho. Possivelmente na tentativa inconsciente de simular o ambiente tumultuado de uma redação, eu trabalho muitas vezes com a TV ligada ou com música ao fundo. O lado bom é que um frila fica longe também das intrigas e fofocas corporativas.

Outra das grandes vantagens da flexibilidade de horário proporcionada pela atividade de freelancer é a oportunidade de realizar projetos paralelos. Só consegui fazer mestrado em História, entre 2005 e 2007, porque tinha liberdade para frequentar as aulas vespertinas e fazer as viagens exigidas pelo projeto de pesquisa.

O conceito de férias muda bastante quando viramos freelancers. Em um emprego de carteira assinada, você tem direito a parar um mês por ano. Pode até vender dez dias de suas férias, mas os demais vinte dias são obrigatórios. Esquecer completamente do trabalho durante algum tempo é uma questão de saúde, dizem os especialistas.

Sabe-se, no entanto, que as pressões do mercado e o aumento da competitividade entre as empresas estão fazendo com que um número cada vez maior de profissionais, especialmente entre aqueles que ocupam cargo de chefia, optem por pequenas paradas de no máximo uma semana ao longo do ano, contrariando as indicações médicas e as leis trabalhistas.

Como freelancer, vida pessoal e profissional se fundem de tal maneira que começa a ficar difícil definir onde estão as fronteiras. Enquanto os funcionários de carteira assinada cumprem expedientes *nine-to-five*, de segunda a sexta, eu trabalho a qualquer hora do dia ou da noite e às vezes resolvo tirar folga na quarta para pegar firme no batente em pleno domingão.

Para ilustrar bem o que quero dizer: escrevo este parágrafo numa manhã de sexta-feira e neste exato momento a Lígia está correndo ao redor da mesa da sala, onde estou sentado diante do notebook. Com ela, duas vizinhas da mesma idade, Maria e Isabela. Todas estão dando gargalhadas e soltando berrinhos de excitação com a brincadeira. Isso não me atrapalha, pois passei anos em redações barulhentas e estou acostumado a pensar em meio ao caos. Além do mais, estar perto da minha filha, vendo-a feliz e saudável, é uma tremenda motivação. Claro que, se o telefone tocar, eu entrarei no meu "cafofo" para ter a privacidade necessária.

Tirar férias é bom e saudável, mas a condição de frila nem sempre permite afastamento por um mês das atribuições profissionais. Ao contrário do que ocorre com trabalhadores com carteira assinada, as férias de um autônomo não são remuneradas – parou de trabalhar, deixou de ganhar dinheiro. Em contrapartida, a própria dinâmica do trabalho de um freelancer – a mistura constante entre vida profissional e vida pessoal – ameniza a eventual falta de férias "oficiais", pois já se consegue conviver mais com a família.

Além do mais, há frilas tão interessantes e agradáveis que poderiam ser confundidos com férias. São aqueles que proporcionam a oportunidade de conhecer diferentes lugares, pessoas, culturas, hábitos, culinárias, manifestações artísticas, enfim, tudo o que buscamos quando viajamos a lazer.

Já mencionei que há alguns anos integro a equipe de jornalistas que visita as finalistas do *Melhores Empresas para Trabalhar*, espécie de concurso promovido anualmente pelas revistas *Você S/A* e *Exame*. A cada ano há um roteiro diferente a cumprir – experiência riquíssima e fascinante, embora fisicamente extenuante. O trabalho consome um mês, sempre na mesma época do ano, entre junho e julho.

Em 2008, o ano mais movimentado até agora, passei por dez estados brasileiros – foram 18.200 km viajando pelo ar e outros 2.300 km dirigindo. Graças a esse trabalho, passei por inúmeras experiências fascinantes. Lembro, por exemplo, de ter assistido à final de Copa das Confederações de 2005, entre Brasil e Argentina, na região de Missões, no Rio Grande do Sul, compartilhando a TV da pousada tanto com compatriotas quanto com *hermanos* (o resultado foi 4 a 1 para o Brasil, felizmente).

E há aquelas ocasiões em que, mesmo quando você tenta descansar, a pauta desfila provocante bem à sua frente – e aí o "instinto" de frila fala mais alto. Durante uma viagem de fim de ano a Washington, acabei conhecendo, por meio de amigos em comum, o estenotipista David Kasdan, capaz de reproduzir até 280 palavras por minuto graças à habilidade diante do estenótipo.

Durante o primeiro bate-papo, Kasdan me contou que atuava como *court reporter* nos tribunais da capital americana. Havia participado de casos importantes como o do petroleiro Exxon Valdez, do terrorista Unabomber e da acusação de monopólio feita pelo governo dos Estados Unidos contra a Microsoft. Claro que não deixei um personagem desses escapar. Combinei uma entrevista oficial e a Cris fez as fotos.

O MUNDO NÃO TE ENTENDE

Durante a mesma viagem fomos a Drumheller, vale canadense repleto de fósseis de dinossauros. Também não resistimos e produzimos material para uma reportagem. Assim que voltamos ao Brasil, conseguimos vender ambas as pautas para o *Nominimo* – que, como eu já disse, não era o lugar mais fácil de emplacar sugestões e pagava bem.

O CAPÍTULO EM DEZ TÓPICOS

1. Há certo preconceito contra freelancers, muitas vezes ainda confundidos com "desempregados".
2. Se você é frila, pode ter certeza de que muitos vizinhos – especialmente aqueles que saem todos os dias bem cedo para trabalhar – acham que você é um vagabundo sustentado por alguém.
3. A situação de um frila bem estabelecido é muito mais estável que a de quem tem um emprego e pode ser demitido a qualquer momento.
4. Um frila aprende na marra a trocar o planejamento financeiro mensal por um planejamento de mais longo prazo.
5. Ter uma reserva de dinheiro é essencial para enfrentar a irregularidade dos pagamentos.
6. A flexibilidade de horário é uma benção, mas pode ser também uma armadilha.

7. Há quem diga que o ideal para quem trabalha em casa é criar uma rotina próxima da vida de um trabalhador "normal". Bobagem. Que graça teria, então, ser frila?

8. Ter um escritório doméstico significa envolver-se o tempo todo com assuntos domésticos. Vida pessoal e profissional se fundem naturalmente.

9. Trabalhar em casa representa um expressivo ganho de tempo e muita economia com transporte.

10. A falta de convívio com os colegas é o grande calcanhar de Aquiles da vida de frila.

UM UNIVERSO DE POSSIBILIDADES

Quando começamos a atuar como freelancers, não temos noção da incrível diversidade de oportunidades que poderão surgir com o tempo. Em um emprego fixo, realiza-se um tipo específico de trabalho dentro de um determinado negócio – você *é* repórter de economia em uma revista *ou* editor de polícia em um jornal *ou* produtor de um programa de TV *ou* assessor de imprensa de uma empresa, e por aí vai. Como autônomo, você pode transitar por diversos tipos de negócios e cumprir as mais variadas missões.

Um jornalista é muitas vezes contratado por características associadas à profissão, como a facilidade de relacionamento com pessoas das mais diversas origens ou a agilidade para processar informações.

Quando o Brasil se candidatou a sede da Copa do Mundo de 2014, fui chamado pela agência de publicidade responsável pela produção do documento oficial de candidatura para uma missão importante: ir às capitais do Nordeste interessadas em sediar jogos para ajudar as autoridades municipais e estaduais a preencher a documentação necessária de pré-candidatura. Ter o maior número de cidades pré-candidatas seria um argumento fundamental para convencer a Fifa, mas o prazo se aproximava do fim e a documentação exigida estava demorando a chegar.

Eu e dois colegas jornalistas fomos convocados para percorrer o Brasil nesse trabalho. E por que jornalistas? Pela nossa capacidade de chegar a um lugar desconhecido, estabelecer rapidamente uma relação com as pessoas, identificar objetivamente os pontos que precisavam ser tratados e lidar com imprevistos – nada extraordinário para quem fazia cinco pautas por dia na editoria de geral.

Eu tinha dois dias em cada capital. Marcava uma reunião com todos os lados envolvidos, esclarecia as dúvidas e continuava o monitoramento por telefone e e-mail – na

UM UNIVERSO DE POSSIBILIDADES

maior parte das cidades, ainda sobrou tempo para aproveitar as belezas nordestinas. Como eu morava em Florianópolis, fiquei também com a incumbência de fazer o mesmo trabalho na capital catarinense. Das sete cidades pelas quais passei, seis cumpriram os requisitos a tempo e se tornaram pré-candidatas. O país apresentou 17 cidades pré-candidatas, das quais 12 foram escolhidas para sediar os jogos da Copa.

Para quem não gosta de rotina, a perspectiva de realizar trabalhos variados passa a ser um dos maiores atrativos da vida de frila – e é também a principal razão para que a autonomia se transforme em uma espécie de "vício" do qual é difícil abrir mão, mesmo diante de boas propostas de emprego.

"O jornalista consegue ter uma atuação mais ampla quando se posiciona no mercado como especialista na captação e na formatação de informações. Pensando assim, as oportunidades certamente se multiplicam diante de tantas áreas em que a presença de um profissional especializado em informação é necessária", diz Alexandre Gonçalves, criador da comunidade "Jornalistas por conta própria" no Orkut.

Tornei-me frila com a expectativa modesta de continuar escrevendo para revistas e jornais, o tipo de trabalho que eu vinha fazendo ao longo de toda a minha carreira até então. A perspectiva de colaborar com diferentes títulos, em vez de manter a exclusividade típica do emprego de carteira assinada, já seria uma ampliação gigantesca da diversidade na minha vida profissional.

Eu não imaginava, no entanto, que o meu campo de atuação se ampliaria tão drasticamente nos anos seguintes. Além de reportagens sobre os mais diversos temas para jornais e revistas, passei a prestar serviços com regularidade para editoras de livros e agências de publicidade, áreas que se abriram naturalmente em decorrência dos meus contatos e da minha disponibilidade como freelancer.

Logo no primeiro mês como frila, um assessor de imprensa que eu havia conhecido em São Paulo ligou perguntando se eu estaria disponível para um trabalho: ajudar uma cliente dele a escrever um livro. Eu já havia escrito três livros próprios (dois sobre aspectos históricos de Santa Catarina para editoras locais e *Na mira dos headhunters*, pela Editora Campus, que lancei em 2001 como resultado do meu envolvimento com a área de carreiras) e nunca havia pensado em trabalhar como *ghost-writer*.

Fui a São Paulo para conversar pessoalmente com a cliente e percebi que ela tinha conteúdo a transmitir – precisava apenas de alguém que a ajudasse a dar forma a esse conteúdo. Não se tratava de escrever um livro para alguém que iria simplesmente assiná-lo, algo com o qual eu não concordaria.

Seria preciso extrair o conteúdo aos poucos e ir dando forma ao livro, o que só poderia ser feito por meio de uma série de entrevistas com a cliente. Ela se propôs a cobrir os custos adicionais relacionados aos meus deslocamentos entre Florianópolis e São Paulo e tocamos o projeto adiante.

UM UNIVERSO DE POSSIBILIDADES

Logo na primeira reunião de trabalho, a cliente me falou de uma amiga que ficou interessada em me conhecer. A amiga se juntou a nós ao final da reunião e disse que tinha o sonho antigo de contar a história dos pais em um livro. Assumi também esse projeto. Combinei com a segunda cliente, que tinha uma agenda mais flexível, que as reuniões aconteceriam nos dias marcados pela primeira cliente – assim eu aproveitaria bem as viagens a São Paulo. Durante quase um ano, fui à capital paulista com certa regularidade – uma ou duas vezes por mês – até concluir os dois livros.

Algum tempo depois de ter concluído os dois livros, um colega jornalista com quem eu já havia trabalhado – e que sabia das minhas recentes experiências como *ghost-writer* – me procurou contando que havia se transferido para uma editora de livros de São Paulo e tinha um autor feito "sob medida" para mim: um consultor de recursos humanos que precisava de ajuda para escrever um livro e vivia parte do tempo em São Paulo e parte em Florianópolis.

Fui ao encontro desse novo cliente em potencial e acertei a produção do livro nos mesmos moldes dos anteriores: o conteúdo teria que ser passado por ele ao longo de uma série de entrevistas, salvo uma ou outra pesquisa para aprofundamento de pontos específicos. A experiência deu certo, mais uma vez. O livro foi publicado e algum tempo depois fizemos outro em condições idênticas.

Foi também nos meus primeiros tempos como frila que iniciei minha parceria com a Editora Letras Brasileiras, de Florianópolis, especializada em guias e livros de turismo e aventura. Na época de recém-formado, eu havia feito alguns trabalhos para uma revista dirigida por um dos futuros sócios da editora, Jakzam Kaiser. Lembrando vagamente daquele foca que mais de dez anos depois voltava a morar em Florianópolis, ele me chamou para produzir um guia da serra catarinense, que envolveu uma semana de viagens pela região. Desde então, uma série de projetos de longo prazo para a editora foram se sucedendo, vínculo que já completa seis anos e inclui trabalhos gratificantes como o *Atlas de Santa Catarina*, uma síntese da geografia, história e economia do estado, e *História da educação em Santa Catarina*.

A exemplo do frila para a candidatura do Brasil à Copa de 2014, passei também a ser procurado por agências de publicidade interessadas na produção de material jornalístico relacionado a determinadas campanhas ou que precisavam cumprir tarefas de pré-produção – fui ao interior do Pará encontrar personagens para a série televisiva "Brasil que vale", da Companhia Vale, e fiz trabalho semelhante para o Metrô de São Paulo, para ficar em apenas dois de vários exemplos.

Tudo isso pode dar a impressão de que a minha vida profissional ficou a sabor do vento depois que me tornei freelancer. De certa forma, é verdade. Muita coisa aconteceu ao natural, sem que eu tomasse a iniciativa de abrir um novo caminho. Mas decidi que seria assim durante alguns anos – uma fase de muita experimentação, muito trabalho e algum acúmulo de patrimônio.

A partir dos 40 anos, pretendo diminuir o ritmo, selecionar mais os frilas e me direcionar aos poucos para um antigo sonho: dedicar-me exclusivamente à produção de livros que associem jornalismo e história, minhas duas paixões profissionais. Percebo claramente que tenho me aproximado a cada ano desse objetivo, seja pelo teor das experiências profissionais, seja pelas circunstâncias de vida.

Acho fundamental para qualquer frila estabelecer qual é a sua grande meta profissional de longo prazo – aquele famoso "onde eu quero estar daqui a dez anos". Essa clareza é importante no momento de escolher que tipos de trabalho deverão ser priorizados. Continuar frilando só por frilar não faz muito sentido se não houver a noção de que isso é parte de um caminho, e não o destino.

Enquanto não se chega ao "nirvana profissional", é preciso aproveitar as oportunidades que vão surgindo. Diversos frilas com os quais conversei para este livro têm histórias semelhantes à minha sobre campos que foram se abrindo quase que espontaneamente em decorrência dos contatos e das experiências anteriores.

Para ficar em dois exemplos de áreas de atuação que dificilmente passariam pela cabeça de um jornalista iniciante: Roberta Lippi passou a prestar serviços de consultoria, *media training* e preparo de apresentações depois de ter acumulado passagens tanto por redações quanto por assessorias corporativas, e Adriane Canan, minha contemporânea no curso de Jornalismo da UFSC, consegue se dedicar exclusivamente a produzir roteiros – para cinema, TV e rádio –, possibilidade que se abriu a partir de um curso em Cuba.

QUANTO VALE O MEU TRABALHO?

Logo percebi que os livros eram o complemento perfeito para os frilas para jornais e revistas. Enquanto as reportagens são tarefas de curto prazo – no máximo um mês, mas quase sempre não mais do que duas semanas –, os livros normalmente se estendem por vários meses. No início de cada projeto do gênero, defino com o cliente um cronograma, que de minha parte será cumprido à risca se houver a disponibilidade necessária para a realização das entrevistas. A mescla entre tarefas de curto e longo prazo assegura que sempre terei algo a fazer. Se há uma pausa nas reportagens, é hora de adiantar os livros.

Os dois tipos de trabalho se complementam também do ponto de vista financeiro. Enquanto o pagamento pelas reportagens segue um fluxo quase imprevisível, os projetos de longo prazo podem proporcionar certa regularidade nos rendimentos. O que eu costumo propor é dividir o valor

UM UNIVERSO DE POSSIBILIDADES

total do projeto pelo número de meses previstos para a realização. Combino, então, um dia fixo para o pagamento das parcelas mensais, algo que representa um refrescante sopro de segurança na minha vida de autônomo.

Uma das maiores dúvidas de quem se torna frila são os critérios para estabelecer o preço a ser cobrado por um trabalho. Muitas vezes isso não é preciso, pois, no caso dos jornais e revistas, a proposta normalmente vem fechada – cabe ao frila apenas aceitar ou não as condições estabelecidas. Há publicações que pagam melhor que outras, claro – e isso a gente vai descobrindo com o tempo.

Estabelecer um preço para um trabalho que ainda será realizado não é algo simples. As pessoas costumam ter dois tipos de receio: pedir um valor que possa ser considerado alto demais, a ponto de afugentar o cliente em potencial sem que ele sequer entre em negociação, ou pedir um valor baixo demais, a ponto de não se tornar compensador diante do volume de trabalho.

Em primeiro lugar, é importante ter em mente que um freelancer tem algumas desvantagens práticas em relação a um profissional de carteira assinada, desvantagens essas que precisam ser compensadas no momento de estabelecer o preço a ser cobrado pelos trabalhos. Não há décimo terceiro salário, férias remuneradas, Fundo de Garantia, vale refeição, participação nos resultados, plano de saúde e de previdência privada subsidiados pelo empregador.

Há também os custos do escritório doméstico, dos quais o mais significativo costuma ser o telefone. A empresa leva ainda a vantagem de não ter que disponibilizar material de escritório e equipamentos como computadores e impressoras, além de ganhar espaço físico e reduzir o consumo de energia elétrica e água.

Quem ganhava R$ 3 mil líquidos por mês como funcionário tem que receber R$ 4,5 mil como frila para manter o padrão. A relação é de 50% a mais.

Para estabelecer o preço por um trabalho, sugiro começar o raciocínio de forma mais ampla: estabelecer qual seria o rendimento mensal adequado para você, levando em consideração as suas necessidades – mas sem tirar os pés da realidade do mercado, claro.

Digamos que você conclua que R$ 8 mil líquidos por mês é um bom valor de referência. O primeiro passo é acrescentar os 50% referentes aos benefícios que o freelancer não recebe. Chegamos, assim, a R$ 12 mil. Divida agora esse valor por 22, número aproximado de dias de trabalho em um mês, descartando os finais de semana. O resultado é R$ 545 por dia. Para ficar mais fácil de guardar na memória, vamos arredondar para R$ 550.

Pronto, você chegou a um valor que pode servir de base para estabelecer o preço dos seus frilas e também para avaliar se a oferta de pagamento por um determinado frila está dentro dos parâmetros esperados.

UM UNIVERSO DE POSSIBILIDADES

Tendo esse valor-base em mente, basta fazer uma projeção realista de quantos dias o trabalho consumiria, caso você se dedicasse integralmente a ele, para estabelecer o preço. Se a expectativa são dois dias de trabalho, R$ 1.100 é um bom patamar inicial de cálculo. Se é uma semana inteira, chega-se a R$ 2.750.

Há mais um fator que deve ser levado em consideração no momento de definir o preço: a identificação com o trabalho oferecido e o seu grau de necessidade naquele momento. Se a tarefa for chata e sua situação financeira comportar uma eventual desistência do cliente, pode-se arriscar e pedir um valor mais alto.

Nos relacionamentos que se tornam constantes e são pautados por respeito mútuo, cria-se naturalmente um padrão de preço. Se uma das partes fizer uma proposta que a outra considera desvantajosa, há liberdade de negociação para encontrar um meio-termo satisfatório para ambas. Em algumas das minhas parcerias duradouras, a confiança chegou a tal ponto que muitas vezes o preço só é acertado com a tarefa já concluída.

Claro que as coisas nem sempre transcorrem tão bem, especialmente nos primeiros tempos como autônomo, em que os relacionamentos ainda estão sendo construídos. Essa fase abre espaço para "picaretas" de todo tipo. Por uma tremenda sorte, nunca levei calote, ao menos nos moldes clássicos – o mais próximo disso foi o caso já relatado da matéria sobre o time de futebol que perdeu todos os jogos do campeonato. Mas quase todo colega ouvido para este livro tem uma triste história do gênero para contar.

Mesmo com os oito anos que acumula como frila, Adriana Teixeira teve um problema recente com um cliente, que pagou metade do valor combinado pelo trabalho e sumiu do mapa. Cândida Silva cobriu um carnaval para uma revista de celebridades e nunca recebeu o valor acertado – entrou em contato várias vezes com a editora que havia solicitado o trabalho, mas pouco tempo depois ela saiu da revista sem ter resolvido o problema. Sandra Kaffa já teve algumas vezes a experiência de ter uma encomenda cancelada pelo cliente quando o trabalho já estava em andamento.

Fabrizia Granatieri ouviu de um editor que lhe havia encomendado fotos aquilo que classifica como "pérola inacreditável": a reportagem não seria mais publicada e a regra na editora era só pagar os colaboradores depois da publicação do material. Naquele caso, como a matéria jamais seria publicada, o frila jamais seria pago. Simples assim.

Para trabalhos maiores, vale a pena formalizar um contrato estabelecendo as regras, pois esse documento será útil caso haja necessidade de entrar na Justiça para receber o pagamento. Nos trabalhos menores, o melhor a fazer é confiar que o compromisso será honrado. Caso haja problema, pode-se recorrer ao Tribunal de Pequenas Causas, que dispensa a necessidade de contratar advogado.

Com o tempo, um frila percebe que é muito importante lidar com empresas que sejam profissionais não apenas do ponto de vista jornalístico, mas de forma mais ampla. Os

UM UNIVERSO DE POSSIBILIDADES

departamentos financeiros podem ser fonte de alguns aborrecimentos e muita perda de tempo, como já relatei.

Em contrapartida, tenho a sorte de trabalhar com profissionais exemplares como o Marcio Azevedo, que cuida há anos da logística financeira e operacional do núcleo *Exame-Você S/A*. Se quero saber sobre a data prevista para determinado pagamento, basta mandar um e-mail e ele responde na hora. Se vou viajar para uma série de destinos, como acontece todo ano no *Melhores Empresas para Você Trabalhar*, basta informar onde terei que estar a cada dia, em que cidade passarei a noite e em que circunstâncias precisarei de um carro alugado e ele providencia tudo, sempre com muita cordialidade e precisão.

Contar com parceiros como o Marcio é fundamental para um frila, pois é preciso escapar de situações que nos desviem do foco. Afinal, nossa capacidade de assumir uma quantia maior de tarefas e aumentar nossos rendimentos está diretamente relacionada ao número de horas trabalhadas ao longo do mês.

Evitar desperdício de tempo é essencial. Ser objetivo nas conversas por telefone, usar a internet para realizar operações bancárias e resistir ao uso exagerado de Twitter, Orkut, MSN etc. é um excelente começo. São providências que podem facilmente representar o ganho de dez horas por semana na comparação com quem não segue essas regrinhas.

Quando chegamos a um estágio em que sempre há o que fazer, por conta da mescla entre frilas de curto e longo prazo, a própria fila de tarefas já é um antídoto natural contra o desperdício de tempo. Claro que, vez ou outra, temos todo o direito de relaxar passeando pela blogosfera ou colocando a conversa em dia com os amigos. E vale lembrar que o tempo dedicado a lazer e prática de exercícios físicos jamais deve ser considerado desperdício.

Já que estamos falando sobre o aspecto financeiro, não custa ressaltar mais uma vez a importância de ter uma reserva de dinheiro para eventuais momentos de entressafra ou – toc, toc, toc – problemas de saúde. Continuar contribuindo para o FGTS e ter um plano de saúde para si e para a família é altamente recomendável para um frila.

COMO LIDAR COM A BUROCRACIA

Quem está começando como frila enfrenta um grande dilema logo de imediato: a maioria dos clientes só faz o pagamento mediante o recebimento de nota fiscal. Isso pressupõe a necessidade de abrir uma empresa, algo que só vale a pena se houver a perspectiva de rendimentos constantes.

Ou seja: é preciso estar realmente convicto de que a atuação como freelancer será sólida e duradoura, pois o processo de abrir uma empresa no Brasil é caro e burocrático – e o de fechar mais ainda. O problema é que o fluxo de trabalho nos primeiros tempos como autônomo costuma mesmo ser irregular. Demora um pouco para se chegar ao estágio de emitir notas todo mês.

Algumas empresas aceitam Recibo de Pagamento a Autônomo (RPA), que exige registro como autônomo na prefeitura da cidade em que o serviço foi prestado. Como isso implica carga tributária maior e aumenta o risco de que se configure vínculo empregatício, contudo, a maior parte das contratantes prefere mesmo nota fiscal emitida por pessoa jurídica.

Uma solução temporária para os primeiros meses, até que se tenha a certeza de que vale apostar na vida de frila como alternativa profissional de longo prazo, é pedir emprestado notas para um amigo que tenha empresa na mesma área de atuação.

Se for um amigo de verdade, ele cobrará apenas os custos dos impostos, mas muita gente se aproveita da situação para ganhar um dinheiro extra: "vende" a nota, cobrando um valor adicional além daquele referente aos impostos. Recomenda-se cuidado ao fazer esse tipo de transação, pois há riscos envolvidos caso a pessoa que esteja fornecendo a nota fiscal não seja de confiança, já que o depósito será feito na conta da empresa, para posterior repasse a você.

Há contratantes ainda mais exigentes, que só aceitam nota fiscal se o seu nome constar da relação de sócios da empresa que emitiu o documento. Por tudo isso, convém deixar claro, ao fechar um frila para um novo cliente, quais as exigências condicionadas ao pagamento.

O mais importante é persistir na vida de frila diante das inevitáveis dificuldades dos primeiros tempos. Se você está mesmo decidido a enfrentar essas turbulências, não há motivo para deixar de abrir uma empresa logo de imediato. Vale a pena fazer isso levando em conta todas as complicações em potencial que podem atravessar o caminho de quem não tem empresa.

Outra providência importante, especialmente quando a especialidade do frila envolve aspectos visuais — fotografia e design, por exemplo —, é montar um site que sirva como portfólio. Mandar imprimir cartões de visitas com os seus contatos também é um passo aconselhável, pois você sempre vai encontrar clientes e fontes que lhe entregam um cartão — e a praxe nesse momento é retribuir o gesto.

Consultar programas de treinamento do Sebrae e similares sobre administração de pequenos negócios pode ser uma alternativa interessante para os casos em que há pretensão de contratar pessoas, ter um escritório "de verdade". Se você vai montar uma empresa exclusivamente pelo fato de que precisa emitir notas fiscais para fornecer aos clientes e continuará atuando sozinho em um escritório doméstico, o ideal é perder o mínimo de tempo com a sua *persona* de "empresário".

De um jeito ou de outro, o primeiro passo fundamental para abrir uma empresa é encontrar um bom contador. Dê preferência a um profissional que esteja acostumado a lidar com o setor de comunicações, cujas peculiaridades podem confundir quem não tem experiência anterior na área — é importante que o contador entenda muito bem a natureza dos serviços que você presta para enquadrar corretamente a sua empresa.

Em troca de uma remuneração fixa por mês — uma boa referência é R$ 500, mas esse valor varia de região para região e mesmo entre contadores de uma mesma cidade —,

UM UNIVERSO DE POSSIBILIDADES

ele cuidará de toda a burocracia de manutenção da empresa. Bastará que você entregue no começo de cada mês uma via das notas fiscais emitidas no mês anterior e a quantia necessária para pagar os impostos referentes a essas notas. O resto é com o contador.

Há variações que dependem do tipo da empresa e do estado em que ela está sediada, mas como referência geral pode-se considerar que a soma dos impostos consumirá em torno de 20% dos rendimentos da empresa. Ou seja: se em outubro você emitiu notas fiscais no valor total de R$ 7,5 mil, no início de novembro você tem que desembolsar cerca de R$ 1,5 mil *cash* para pagar os impostos, mesmo que os serviços ainda não tenham sido pagos pelas empresas que receberam as notas fiscais. Não é fácil ser empresário...

O CAPÍTULO EM DEZ TÓPICOS

1. Atuar como freelancer vai abrindo uma série de possibilidades de trabalho que nem imaginávamos a princípio.
2. Jornalistas são chamados para certos trabalhos também por características associadas à profissão, como a facilidade de relacionamento e a agilidade para processar informações.
3. Mesclar frilas de curto e de longo prazo é o segredo para ter trabalho sempre.

4. Um frila precisa ganhar 50% a mais que um trabalhador de carteira assinada, para compensar os benefícios que deixa de receber.

5. Uma boa referência para definir preços é ter em mente um valor diário, e a partir dele calcular quantos dias a tarefa consumiria caso você se dedicasse integralmente a ela.

6. Deve-se manter uma guerra constante contra o desperdício de tempo, pois o rendimento obtido por um frila está diretamente relacionado à capacidade de executar o maior número possível de tarefas.

7. Abrir empresa é um passo obrigatório para quem está decidido a atuar como frila.

8. Contratar um bom contador para cuidar de toda a burocracia é essencial.

9. Chega um momento da carreira em que é preciso fechar o foco e concentrar-se nos tipos de trabalho com os quais há maior afinidade.

10. Deve-se ter consciência de que a condição de frila não é um fim em si próprio, e sim o caminho para a busca de objetivos de vida.

CONCLUSÃO

Ao escrever este livro, o maior desafio que enfrentei foi estabelecer o nível de detalhamento em que eu contaria minhas experiências como freelancer. Até que ponto alguns detalhes poderiam ser de fatos úteis para o leitor interessado em saber mais sobre a vida de frila e a partir de que ponto esses detalhes poderiam ser dispensados?

Decidi por um nível de detalhamento que eu classificaria como aquele que costuma ser usado em conversas de bar entre amigos. Imaginei que contribuiria mais dessa forma do que sendo genérico e distante, emitindo opiniões sem demonstrar como cheguei a cada conclusão.

Iniciei o livro ressaltando a importância vital da rede de contatos para quem se torna frila, por exemplo. Agora que chegamos ao fim, creio que as razões que me levaram a essa afirmação ficaram bem claras em decorrência dos exemplos citados.

Obviamente, não há fórmula mágica para se estabelecer como freelancer. Há inúmeros fatores incluídos, dos mais objetivos aos mais subjetivos. O que eu quis demonstrar, baseado na minha experiência pessoal e na opinião de vários colegas com os quais conversei, é que caminhos vão se abrindo naturalmente para quem decide se tornar autônomo. O mais difícil é tomar a decisão e não desistir diante das dificuldades iniciais.

Certamente não é fácil ser frila, sobretudo nos primeiros tempos. Entre todas as pessoas que ouvi para produzir este livro, talvez a melhor síntese do que ocorre no período de transição tenha vindo de Pedro Martinelli, reconhecido hoje como um dos mais importantes fotógrafos brasileiros: "Fui tocando e continuo tocando, sem dar muita bola para os tropeções..."

SUGESTÕES DE LEITURA

Vasculhei as estantes da minha biblioteca e saquei sete títulos, escritos por jornalistas, que considero inspiradores por diversos motivos:

A arte de fazer um jornal diário **(Ricardo Noblat)**
(São Paulo: Contexto, 2002)
    Noblat transita por temas críticos do cotidiano de jornalistas – os títulos dos capítulos e subcapítulos já dizem muito: "Jornalista não é Deus", "Sejam burros acima de tudo", "Digam não à preguiça", "Respeito à língua é bom" etc.

A ética jornalística e o interesse público **(Francisco José Karam)**
(São Paulo: Summus, 2004)
    Karam faz uma defesa consistente da importância do jornalismo para a sociedade e lembra a cada um de nós, que militamos na profissão, sobre os limites éticos que jamais deveriam ser ultrapassados.

***Braga: 200 crônicas escolhidas* (Rubem Braga)**
(Rio de Janeiro: Record, 2003)

Da coletânea pode-se simplesmente absorver a noção de que é possível falar de temas do cotidiano com precisão e elegância.

***Em busca de um sonho* (Walcyr Carrasco)**
(São Paulo: Moderna, 2006)

O relato autobiográfico do jornalista, escritor e autor de novelas revela o quanto é difícil encontrar o caminho da realização. A grande mensagem do livro é a importância do hábito de ler, parte obrigatória do trabalho de qualquer jornalista.

***Em busca do borogodó perdido* (Joaquim Ferreira dos Santos)**
(Rio de Janeiro: Objetiva, 2005)

Já que citei o livro ao contar a história do Grande Otelo, nada mais justo do que sugerir a leitura completa. Com ótimo texto e faro para boas pautas, Joaquim conta com bom humor algumas de suas aventuras como repórter.

***Fama & anonimato* (Gay Talese)**
(São Paulo: Companhia das Letras, 2004)

A coletânea de reportagens inclui o clássico "Frank Sinatra está resfriado", mas a minha parte predileta é "Nova York: a jornada de um serendipitoso", pois nela Talese age como um atento e criativo fabricante de pautas.

***Hiroshima* (John Hersey)**
(São Paulo: Companhia das Letras, 2002)

Um ano depois de a bomba atômica ter matado milhares de pessoas na cidade japonesa de Hiroshima, o repórter da revista *The New Yorker* voltou ao local para recontar aquele dia a partir do ponto de vista de seis sobreviventes. Uma evidência de que histórias de vida são sempre excelentes pautas.

***Minhas histórias dos outros* (Zuenir Ventura)**
(São Paulo: Planeta, 2005)

Zuenir escreve sobre situações e personagens com os quais deparou ao longo de cinquenta anos de carreira como jornalista. Eu o admiro, entre outras razões, por jamais ter deixado arrefecer a paixão pelo jornalismo.

AGRADECIMENTOS

Assim que tive a ideia de escrever este livro, entrei em contato com Luciana Pinsky, editora da Contexto. Luciana é jornalista, trabalhou em grandes veículos e já atuou como freelancer. Sabia muito bem, portanto, do que eu estava falando – e abraçou o projeto de imediato. Agradeço a ela pela acolhida e espero ter correspondido às expectativas.

Minha gratidão também a cada um dos colegas – citados ao longo da obra – que contribuíram, com suas opiniões e experiências, para transformar um relato que seria certamente monótono em algo muito mais interessante e rico.

Por fim, não poderia deixar de citar os meus "sócios" no escritório doméstico: Cris, Lauro e Lígia. Eles sabem, tanto quanto eu, que a vida de frila tem suas vantagens e desvantagens – mas tenho certeza de que, assim como eu, acham que as vantagens estão compensando com folga as desvantagens.

O AUTOR

Maurício Oliveira, é jornalista formado pela Universidade Federal de Santa Catarina (UFSC), com mestrado em História pela mesma instituição. Trabalhou durante dez anos como repórter de jornais e revistas, incluindo *Gazeta Mercantil* e *Veja*. Em 2003, ano em que realizou o sonho de voltar a viver em Florianópolis, passou a atuar como freelancer. Desde então, tem contribuído para diversas publicações, incluindo *Exame, Superinteressante, VIP, Valor Econômico, O Estado de S. Paulo* e *Horizonte Geográfico*. Também presta serviços para editoras de livros e agências de publicidade.

LEIA TAMBÉM

A arte de entrevistar bem Thaís Oyama

A arte de escrever bem Dad Squarisi e Arlete Salvador

A arte de fazer um jornal diário Ricardo Noblat

A imprensa e o dever de liberdade Eugênio Bucci

A mídia e seus truques Nilton Hernandes

Assessoria de imprensa Maristela Mafei

Escrever melhor Dad Squarisi e Arlete Salvador

Hipertexto, hipermídia Pollyana Ferrari (org.)

História da imprensa no Brasil Ana Luiza Martins e Tania Regina de Luca (orgs.)

História da televisão no Brasil Ana Paula Goulart Ribeiro, Igor Sacramento e Marco Roxo (orgs.)

Jornalismo científico Fabíola de Oliveira

Jornalismo cultural Daniel Piza

Jornalismo de rádio Milton Jung

Jornalismo de revista Marília Scalzo

Jornalismo de tv Luciana Bistane e Luciane Bacellar

Jornalismo digital Pollyana Ferrari

Jornalismo econômico Suely Caldas

Jornalismo esportivo Paulo Vinicius Coelho

Jornalismo internacional João Batista Natali

Jornalismo investigativo Leandro Fortes

Jornalismo literário Felipe Pena

Jornalismo político Franklin Martins

Jornalismo popular Márcia Franz Amaral

Livro-reportagem Eduardo Belo

Manual do foca Thaïs de Mendonça Jorge

Manual do jornalismo esportivo Heródoto Barbeiro e Patrícia Rangel

Os jornais podem desaparecer? Philip Meyer

Os segredos das redações Leandro Fortes

Perfis & entrevistas Daniel Piza

Reportagem na TV Alexandre Carvalho, Fábio Diamante, Thiago Bruniera e Sérgio Utsch (orgs.)

Teoria do jornalismo Felipe Pena

GRÁFICA PAYM
Tel. (011) 4392-3344
paym@terra.com.br